LETTRE

A M. THIERS

SUR QUELQUES POINTS

DE L'HISTOIRE DE L'EMPEREUR NAPOLÉON,

ET SUR

LA MORT DU DUC D'ENGHIEN,

Par le Baron Meneval.

A PARIS,

CHEZ H. DELLOYE, ÉDITEUR,

PLACE DE LA BOURSE, RUE DES FILLES-SAINT-THOMAS, 13.

1839

Dans un moment où, indépendamment de l'ouvrage préparé par M. Thiers, l'histoire de Napoléon est l'objet des travaux de plusieurs écrivains d'un mérite distingué, tels que M. Bignon, qui achève l'*Histoire de la diplomatie contemporaine ;* M. Armand Lefebvre, auteur d'une *Histoire politique* (inédite) *des cours de l'Europe ;* M. Capefigue, qui publie une *Histoire de l'Europe sous Napoléon,* j'ai pensé que les notes critiques qui font la matière de la lettre dont je suis l'éditeur seraient de quelque utilité, et qu'elles pourraient servir à prévenir ou à rectifier des erreurs que font naître divers récits de l'histoire de l'époque impériale.

La publicité donnée à ces notes est due à la sollicitation de quelques amis de l'auteur.

Ancien militaire, dévoué à tous les sentiments d'honneur et de fidélité, je m'applaudis d'avoir été chargé de cette publication; le nom de l'écrivain célèbre à qui la lettre est adressée, le nom de M. Meneval, sont des gages de succès. — Cette lettre tire un intérêt particulier de la position personnelle de l'auteur auprès de Napoléon, et de la juste confiance que l'Empereur lui a toujours témoignée. — Pour suppléer à ce que je pourrais dire à ce sujet, je me bornerai à donner un extrait de l'article que la

Biographie des contemporains lui a consacré, il y a plusieurs années.

« M. Meneval (officier de la Légion d'honneur, baron de l'Empire) avait été secrétaire de Joseph Bonaparte, pendant les négociations de la paix de Lunéville, du concordat, et de la paix d'Amiens. Le premier consul, pensant à éloigner de sa personne M. de Bourrienne, s'adressa à son frère Joseph qui lui proposa son propre secrétaire, dont il avait pu apprécier la loyauté et les talents. Cette proposition était faite à l'insu de M. Meneval, que le premier consul avait lui-même distingué et qu'il admit auprès de lui avec le titre de *secrétaire du portefeuille*. M. Meneval conserva cet emploi de confiance lorsque Napoléon parvint à l'empire. Le secrétaire du portefeuille, seul introduit dans l'intimité impériale, était chargé du travail courant et de tout ce qui, en affaires et en projets, était de nature à être traité immédiatement. M. Meneval ouvrait toutes les lettres et pétitions adressées au chef de l'État, et les classait pour son examen; il écrivait sous la dictée de Napoléon. Il était l'intermédiaire par lequel l'Empereur transmettait ses plus secrètes intentions, et distribuait ses bienfaits particuliers. Dans ces fonctions dont l'importance se conçoit facilement, il fut secourable aux infortunes de tout genre, et se montra, en toutes circonstances, disposé à favoriser les savants, les hommes de lettres et les artistes. Il eut souvent le bonheur de leur rendre d'utiles services. Ce fut son témoignage qui détermina l'Empereur à choisir Barbier père, premier bibliographe de l'Europe, pour son bibliothécaire particulier.

« M. le baron Meneval réunissait à son titre de secrétaire intime de l'Empereur celui de maître des requêtes au conseil d'État ; cependant, il était *seul* au cabinet impérial, et il y suffisait par un zèle de tous les instants et par un prodigieux travail.

« Ce ne fut qu'après sa retraite que l'Empereur divisa entre plusieurs secrétaires les travaux de son cabinet. Cette retraite eut lieu en 1813. La campagne de Russie avait affaibli la santé de M. Meneval ; l'Empereur, ne voulant pas se priver entièrement de ses services, le plaça auprès de l'Impératrice nommée *régente*. Après les événements de 1814, M. Meneval suivit l'Impératrice à Vienne où il resta jusqu'à la fin de mai 1815. — Depuis ce temps, il n'a rempli aucune fonction publique, et consacre les loisirs de sa retraite à écrire des *Mémoires* qui contribueront, sans aucun doute, à faire connaître le grand homme qui, pendant sa vie, l'a constamment honoré d'une bienveillance et d'une confiance méritées, et qui s'est souvenu de lui à l'heure de sa mort. — M. Meneval est un de ces légataires de l'Empereur pour lesquels le testament de Sainte-Hélène est un titre à l'estime des contemporains et à l'intérêt de la postérité. »

En recueillant ses souvenirs, M. Meneval obéit au désir de l'Empereur que ses exécuteurs testamentaires lui ont transmis. Napoléon l'a désigné comme un de ceux dont le témoignage pourrait défendre sa mémoire des imputations calomnieuses.

Espérons que ces notes, dont on doit regretter la brièveté, ne seront pas les seules qui sortiront du portefeuille de leur auteur, si riche en documents positifs sur la glorieuse époque impériale, et si rempli de détails intéressants sur la vie privée et les idées politiques du plus grand homme de tous les temps.

H. Delloye.

LETTRE

A M. THIERS.

Monsieur,

La voix publique m'a appris que vous occupez vos loisirs à écrire l'histoire de Napoléon. Permettez-moi de vous soumettre quelques notes critiques qui pourront peut-être vous servir dans cet important travail. Les observations qu'elles contiennent m'ont été suggérées par la lecture de divers écrits qui ont paru sur le même sujet. Je prendrai principalement pour texte deux publications remarquables qui ont eu lieu depuis environ un an. L'une est un fragment d'une Histoire politique inédite des cours de l'Europe, depuis la paix de Lunéville jusqu'au traité de 1815, par M. Armand Lefebvre. Ce fragment, qui embrasse les relations de la France avec la Russie, depuis le traité de Vienne de 1809 jusqu'à la guerre de 1812, a paru dans une de nos Revues. L'autre est la Notice historique de M. Mignet sur le prince de Talleyrand. Quoique je n'aie pas l'honneur d'être connu de vous, j'ai pensé que vous voudriez bien accueillir les notes que je prends la confiance de vous adresser, et que vous m'excuseriez de le faire par la voie de la presse. Quand d'autres écrits importants se préparent en même temps que le vôtre sur une époque aussi digne de méditations que celle du consulat et de l'empire, la publicité de ces remarques peut être de quelque utilité. Ne produisissent-elles que la rectification d'une erreur, elles auraient rempli leur but. Tel est le motif qui m'a porté à rompre le silence. L'autorité de votre nom et de vos talents, comme homme d'Etat et comme écrivain, sera d'un grand poids aux yeux des historiens à venir. Je sais que vous recherchez la vérité, et que vous ne dédaignez aucune information qui peut vous y conduire. Ce modeste travail n'a d'autre mérite que d'avoir été dicté par le même intérêt. C'est une pierre ajoutée aux matériaux du splendide monument que vous élevez à la mémoire de l'homme qui a exercé la plus grande influence sur les destinées de la France et de l'Europe.

Je débuterai par une observation qui paraîtra peut-être minutieuse ; mais quand un jugement est porté sur un homme placé dans une sphère supérieure, les moindres éléments qui concourent à former ce jugement acquièrent de l'importance. Il pourra paraître oiseux de protester contre l'épithète de *dissimulé*, appliquée à Napoléon [1]. C'est à propos du projet de restauration de la Pologne qu'on lui suppose la nécessité de s'envelopper d'une profonde dissimulation, qui, ajoute-t-on, ne répugnait pas à son caractère. On s'est fait des idées si fausses sur Napoléon, qu'il a passé longtemps, et qu'il passe même encore aujourd'hui aux yeux de quelques bons esprits pour un autre Louis XI. Comme le dit l'auteur de Zaïre du principal personnage de cette tragédie, il se sentait

Trop grand, trop généreux pour s'abaisser à feindre.

Quoique la dissimulation, quand elle ne masque pas la cruauté ou la fourberie, soit dans un prince une qualité plutôt qu'un défaut, elle

---

[1] Voir la note A à la fin de cette lettre. p. 69.

n'était pas le trait distinctif du caractère de Napoléon, témoin ses apostrophes aux ambassadeurs étrangers, ses bulletins, ses articles du *Moniteur*, où il s'est laissé souvent entraîner trop loin. Les actes de sa politique et de son administration ont un cachet de hardiesse et d'indépendance qui n'admet pas l'idée de la dissimulation. Je ne pousserai pas plus loin cette digression, dans laquelle je ne suis entré que pour prévenir toute fausse interprétation; et je reviens à ce qui est relatif à la Pologne.

Avant la guerre de 1807, et dès son avénement au gouvernement de la France, Napoléon s'était souvent et publiquement expliqué sur la déconsidération que le partage de la Pologne avait fait rejaillir sur le cabinet de Versailles, qui l'avait souffert. L'accueil qu'il faisait dans toutes les occasions aux victimes de cette grande injustice politique, les vœux dont il accompagnait cet accueil, l'estime qu'il avait accordée aux débris de cette héroïque armée polonaise, auxquels il avait ouvert les rangs de notre armée, témoignaient assez de sa sympathie pour leurs malheurs, et de son désir de le réparer. L'empereur Alexandre ne pouvait ignorer tout cela. Dans les conférences de Tilsitt et d'Erfurth, rien n'avait été stipulé contre l'avenir de la Pologne, et l'empereur Napoléon ne s'était lié par aucun engagement à cet égard. Bien plus, le duché de Varsovie, créé par le traité de Tilsitt, avait été formé par des provinces ayant appartenu à l'ancien royaume de Pologne. C'était un acte assez significatif. Ce nom de Pologne ne produisait pas alors sur l'Empereur Alexandre l'irritation qu'il lui causa depuis. La susceptibilité de ce prince devint même si grande dans la suite, que l'Empereur, par égard pour lui, s'abstint désormais d'employer le mot Pologne dans les actes publics et dans les correspondances diplomatiques, et fit même recommander aux journaux français d'éviter, en parlant du duché de Varsovie et de ses habitants, de se servir des dénominations de Pologne et de Polonais [1].

Cette sensibilité pour tout ce qui se rattachait

[1] L'Empereur poussa le ménagement pour l'amour-propre d'Alexandre, quelque puéril qu'il lui parût, au point de faire effacer des bas-reliefs du piédestal de la colonne de la place Vendôme la lettre A, qui y figurait sur les casques et les cuirasses russes.

au rétablissement de la Pologne ne s'était pas laissée apercevoir dans les entretiens de Tilsitt et d'Erfurth. Sans provoquer la discussion sur un projet dont l'exécution était dépendante des événements, Napoléon n'avait pas eu à reculer devant une explication qui ne lui était pas demandée. Il croyait avoir les moyens d'indemniser suffisamment la Russie de la perte des provinces polonaises qui lui étaient échues dans les différents partages; mais il ne s'était pas fait une juste idée de son ardeur d'envahissement. Après la conquête de la Finlande, soit parce que l'empereur Alexandre, ayant recouvré sa confiance avec ses forces, trouva dans l'empereur Napoléon une facilité inespérée, soit parce qu'il y fut poussé par la coalition, qui voyait dans cette question une cause grave de mésintelligence à exploiter, soit pour ces deux causes réunies, alors éclatèrent ces pressantes sollicitations, ces plaintes vives et incessantes, qui dégénérèrent en querelles sérieuses. Envenimées insensiblement par les manœuvres de la coalition, cette hydre aux têtes toujours renaissantes, elles amenèrent enfin la catastrophe dont elle n'avait jamais désespéré.

Le traité de Vienne de 1809 avait ajouté au duché de Varsovie une population de deux millions d'habitants. La nouvelle de l'agrandissement de ce duché fut reçue à Pétersbourg avec beaucoup d'humeur. L'empereur Alexandre et son ministre ne la dissimulèrent pas au duc de Vicence.

Mais quand ce prince dit à l'ambassadeur de France que l'empereur Napoléon a été *secondé* par lui *dans la guerre et dans les négociations*, et M. de Romanzow, qu'il *dispose de deux millions quatre cent mille habitants appartenant à un pays conquis par les Russes*, on doit s'attendre à voir ces étranges assertions démenties. En effet, la Russie, dans la guerre de 1809, se borna à mettre sous les ordres du prince de Gallitzin moins de trente mille hommes, au lieu de cent cinquante mille qu'elle s'était engagée à réunir à l'armée française. La coopération de ce faible corps, qui ne quitta pas les frontières de la Gallicie, n'aboutit qu'à entraver nos opérations militaires, à rétablir les autorités autrichiennes partout où les Polonais les avaient remplacées par des autorités nationales, et à tenter de s'emparer par surprise de Cracovie, pour enlever cette place aux Polonais.

L'empereur Napoléon dut juger, par cette conduite, de la sincérité des démonstrations de la Russie, et du fonds qu'il pouvait faire sur son alliance. On a dit, pour justifier l'empereur Alexandre, qu'il ne pouvait se faire obéir de ses généraux et de ses ministres. Quelle valeur restait donc à l'alliance d'un prince qui n'avait pas les moyens de la faire respecter! Napoléon n'a pas dû laisser échapper une occasion précieuse d'avancer une œuvre à laquelle l'honneur et l'intérêt de la France étaient attachés, et que la victoire aurait pu couronner, si l'alliance n'était venue faire tomber les armes de nos mains. Au demeurant, l'empereur Alexandre ne se rendait-il pas complice en quelque sorte d'un acte qu'il nous reprochait, en entrant en partage d'une partie de ces dépouilles de l'Autriche[1], comme il ne s'était pas fait scrupule, en 1807, de profiter de celles de la Prusse, son alliée, et,

---

[1] L'article 5 du traité de Vienne donne à l'empire russe un territoire de l'ancienne Gallicie, contenant une population de quatre cent mille âmes.

en 1808, d'abandonner une cession de territoire qui avait été stipulée à Tilsitt au profit de cette même alliée [1].

Un intérêt réciproque paraissait avoir formé l'alliance de Tilsitt ; mais le système de neutralité maritime qu'embrassait l'empereur Alexandre, après y avoir renoncé à la mort de son père, qui en avait fait revivre les principes, n'était pas pour ce prince le but principal de l'alliance. L'objet le plus important pour lui était celui sur lequel on ne s'expliquait pas. Après le système continental, le rétablissement de la Pologne entrait dans la politique de Napoléon : le désir secret d'Alexandre était d'empêcher ce rétablissement. Là devait commencer la collision et l'impossibilité de consolider l'alliance, contrairement aux espérances de Napoléon. Si un

---

[1] Par l'article 9 du traité de Tilsitt, la Prusse cède à la Russie la province de Bialistok.

Le même traité assurait à la Prusse la cession d'une population de quatre cent mille âmes, dans le cas où le Hanôvre serait réuni au royaume de Westphalie. Au moment où cette réunion allait avoir lieu, l'empereur Alexandre renonça au bénéfice de cette stipulation, en déclarant qu'il ne prenait aucun intérêt à son exécution.

reproche peut être fait à l'Empereur, ce n'est pas de n'avoir pas su se maîtriser, c'est de n'avoir pas profité de ses avantages à Tilsitt, c'est de s'être lié les mains, et d'avoir favorisé l'insatiable ambition de la Russie, qui a obtenu seule des avantages réels d'une alliance où l'Empereur a trouvé sa ruine. Mais s'il n'a pas profité de ses avantages, quelles puissantes raisons n'avait-il pas de s'arrêter!

La première expérience qu'il avait faite de la sincérité de la Russie lui avait donné la mesure de ce qu'il devait attendre d'elle; la circonstance de son mariage est venue ajouter une nouvelle preuve à la première[1]. Ce n'était pas pour éblouir Alexandre, mais pour tenter de rendre la vie à une alliance plus nominale que réelle, et dans un intérêt national, qu'il lui demanda pour femme une de ses sœurs. D'ailleurs, la première insinuation en avait été faite par l'empereur Alexandre à Erfurth, huit mois auparavant. La négociation dont notre ambassadeur à Pétersbourg fut chargé pouvait être terminée dans le premier entretien, sauf à régler ensuite les

---

[1] Voir la note B. *p.73.*

détails. L'impératrice-mère avait demandé quelques jours pour répondre ; l'empereur Napoléon attendit patiemment pendant trois mois. Enfin, las de ces délais, il voulut obliger l'empereur Alexandre à s'expliquer, en lui écrivant directement. La réponse laissait les choses au point où elles étaient le premier jour. La dignité de l'Empereur et celle de la France ne pouvaient tolérer une pareille position. Il prêta l'oreille à l'offre empressée de l'Autriche. L'attention du cabinet autrichien était éveillée sur les suites du divorce. Il avait sans doute connaissance de la négociation pendante auprès de la Russie. On a dit qu'en même temps qu'une ouverture était faite à Pétersbourg, des démarches simultanées étaient prescrites à notre ambassadeur à Vienne. Une insinuation, qui ne fut pas relevée, fut, en effet, jetée par M. de Metternich, sur la convenance d'une alliance de famille. Mais une double négociation ne fut point entamée en même temps à Vienne et à Pétersbourg. Au reste, l'ambassade d'Autriche à Paris fut trop prompte à se décider, pour qu'on ne doive pas croire qu'elle avait des instructions éventuelles. Cette union a eu pour l'Empereur et pour la France des conséquences fatales. L'alliance d'une princesse russe aurait-elle eu des résultats plus heureux ? Il est permis d'en douter, quoiqu'à l'époque où elle fut tentée, elle parut le plus désirable. Toutefois ce n'est pas sur une princesse autrichienne que la première pensée s'était arrêtée. Tout ce qu'on a dit de projets d'union qui auraient été mis en avant dans le cours des négociations de la paix de Vienne n'a aucun fondement.

Il est constant qu'après la bataille décisive de Wagram, qui imposa ce traité de paix à l'Autriche, Napoléon eut l'idée de faire abdiquer l'empereur François en faveur de son frère le grand-duc de Wurtzbourg. Ce projet ne s'est pas arrêté, à ce qu'il dit à Znaïm, au prince Jean de Lichtenstein, de la disposition où il était de conserver l'Autriche dans son intégrité, à cette condition. Des pourparlers ont eu lieu à ce sujet avec le général Bubna et avec M. de Metternich. Il est probable qu'on n'eût rien gagné à ce changement; le grand-duc de Wurtzbourg n'aurait pas donné plus de sécurité. Il est douteux que ce prince, devenu empereur, eût pu détacher l'Autriche de la coalition. Ce n'est pas l'empereur qui gouverne à Vienne : c'est une olygarchie indépendante du souverain.

On a fait un grand éloge des talents du prince Metternich. Je ne les conteste pas, quoique je sois porté à croire que la puissance des circonstances a servi cet habile ministre plus encore que les ressources de son esprit. Peut-être était-il appelé à jouer, en 1813, un rôle plus digne de lui et plus profitable dans l'avenir aux deux pays! Le cabinet de Vienne, fidèle aux traditions de sa politique, revenu des alarmes qui l'avaient porté au sacrifice d'une de ses princesses pour conjurer l'orage, et ne recueillant pas le fruit que la maison d'Autriche a coutume d'attendre des alliances de ses archiduchesses, a abandonné Napoléon au congrès de Prague, où il a jugé, avec le conseil des alliés, que la défection de l'Autriche devait lui porter le coup mortel. On a dit que de l'or jeté par nous dans un des bassins de la balance l'aurait fait pencher en notre faveur. C'est l'opinion de bien des gens qui regardent la corruption comme un grand élément de succès. C'était aussi la doctrine de Fouché. L'Empereur lui montrait, pendant le congrès de Prague, une fort belle tabatière ornée de son portrait, et enrichie de diamants, destinée au prince Metternich. « Savez-vous, dit l'Empereur, que cela me « coûte trente mille francs ? » — « Est-ce avec « cela que vous pensez gagner le ministre d'Au- « triche » interrompit Fouché; « Ce n'est pas « trente mille francs, mais dix millions que vous « devriez lui donner. » L'Empereur répondit par un geste de mépris au cynisme de ce propos, qui s'adressait à l'homme auquel les moyens de corruption ont le plus répugné.

La politique de Pierre le Grand, suivie avec ardeur par ses successeurs, tendait à pousser les frontières russes du côté de l'Occident. Aujourd'hui l'ambition de cette puissance paraît avoir pris un autre cours. Quoi qu'il en soit, il est certain que les Russes ont travaillé pendant longtemps à se former un parti en Hongrie, où la similitude de religion favorise leurs habiles manœuvres. Pendant mon séjour à Vienne, en 1814, j'avais occasion de voir des Hongrois, entr'autres, le précepteur d'un des archiducs. Je les entendais s'exprimer avec douleur sur ce qu'ils appelaient l'aveuglement de leur empereur, qui faisait alors une entrée solennelle à

Bude, ayant à cheval, à ses côtés, l'empereur Alexandre, vêtu de l'uniforme autrichien, et qu'il avait l'air de présenter aux Hongrois, comme leur futur maître.

Après l'issue malheureuse que la campagne de 1810 eut pour les Turcs, on put craindre que les grands succès obtenus par les Russes ne leur ouvrissent le chemin de Constantinople[1]. L'Autriche, plus intéressée que toute autre puissance à empêcher l'empire Ottoman de tomber dans leurs mains, sentit que le moment était arrivé de s'unir plus étroitement à la France. Elle sollicita son alliance avec autant d'instance qu'elle avait montré de froideur précédemment. La Porte, dans sa détresse, dut recourir de son côté à la France, et implorer son appui. Ces démarches simultanées s'adressaient à une puissance qui avait aussi intérêt à empêcher le démembrement de la Turquie. Napoléon n'avait pas à hésiter. Il fit ce que l'intérêt de la France exigeait, en évitant de manquer à ses engagements avec la Russie. Il refusa l'alliance avec l'Autriche. Il rassura en même temps l'Au-

---

[1] Voir la note C. p 83.

triche et la Porte ; il promit à cette dernière puissance de la garantir contre toute prétention de la Russie, autre que la cession de la Moldavie et de la Valachie, en lui avouant franchement qu'il s'était engagé à ne pas troubler les Russes dans la conquête de ces provinces. Cette déclaration pouvait bien ne pas satisfaire entièrement le czar, parce qu'elle contrariait ses vues ambitieuses, en le renfermant dans les limites de l'alliance ; mais elle lui ôtait le droit de se plaindre, puisqu'elle n'y portait pas atteinte. Je crois que le reproche adressé à cette occasion à l'Empereur, d'avoir mis trop de confiance dans les avances de l'Autriche et de la Turquie, n'est pas fondé. Il connaissait trop l'esprit des cabinets de l'Europe, et l'expérience qu'il en avait faite le préservait de tout entraînement. Sa conduite était tracée. Il a mis à profit les dispositions présentes des deux puissances ; mais ce n'est pas sa confiance en elles qui a réglé sa conduite envers la Russie. Depuis 1809, toute illusion était dissipée ; et le premier pas fait dans cette voie de défiance, le temps et les événements ne faisaient qu'augmenter le refroidissement, et détruire toute possibilité de retour.

Tous les points qui touchaient à un intérêt sur lequel les deux cabinets étaient divisés ne pouvaient qu'entretenir la mésintelligence qui s'était montrée dès les premières épreuves de l'alliance de Tilsitt. La question de la Pologne, la plus irritante de toutes, devait l'accroître, et amener, par une suite de collisions partielles, une rupture ouverte [1].

Ceux qui ont connu le duc de Vicence applaudiront à l'éloge qui est généralement accordé à la loyauté de son caractère. C'était un homme droit. Mais il faut dire en même temps que sa conduite à Pétersbourg ne peut pas être entièrement approuvée. Les cajoleries de l'empereur Alexandre, et le parti qu'il sut tirer de la vive préoccupation qui avait saisi l'esprit de ce ministre, à cause d'une circonstance de sa vie qui en a malheureusement troublé la tranquillité, l'avaient mis pour ainsi dire à la discrétion de ce prince. Cette position où s'était placé le duc de Vicence l'a empêché de rendre tous les services qu'on devait attendre de ses talents, de la pureté de ses intentions, et de son

---

[1] Voir les notes D, F et H.

dévouement pour l'Empereur. Quand il blâmait l'augmentation de territoire du duché de Varsovie, il n'envisageait cet agrandissement qu'avec le regret que lui faisait éprouver l'échec qu'en recevait l'alliance, et avec la crainte de la voir s'évanouir en fumée; mais il n'entrait pas dans la pensée de son cabinet. L'influence de l'air que le duc de Vicence respirait à Pétersbourg, ou la prescience de l'issue malheureuse que devait avoir pour la France cette guerre sourde entre les deux États, l'empêchaient de considérer que l'alliance ne pouvait plus être utile à la France, mais lui était au contraire onéreuse; et que c'était faillir aux intérêts français que d'en laisser tous les avantages à la Russie, qui n'en exécutait pas la condition capitale, pour n'en recueillir que les inconvénients. Répétant une phrase d'Alexandre, il demandait *des paroles sur l'air de Tilsitt* à l'Empereur, auquel ce langage figuré déplaisait beaucoup. En n'entretenant Napoléon que des plaintes amicales, des douleurs étudiées et des protestations d'attachement d'Alexandre, en laissant dans l'ombre ses infractions journalières aux conditions de l'alliance, et les mesures hostiles qui accompagnaient et précédaient souvent ces démonstrations, le duc de Vicence produisait un effet contraire à son but.

Quand le général Lauriston arriva à Pétersbourg, pour lui succéder dans son ambassade, il lui dit qu'on ne concevait pas à Paris qu'il niât les levées d'hommes qui se faisaient dans les différentes provinces de l'empire russe. A ce reproche, le duc de Vicence fit une réponse qui équivalait à dire qu'on était ingénieux à Paris à chercher des griefs contre la Russie. Dans la première audience que l'Empereur accorda au général Lauriston, il l'arrêta au premier mot que ce général lui dit des armements, en lui proposant de faire partir un officier français qu'il ferait accompagner par un officier russe, pour aller s'assurer par ses yeux de la fausseté des rapports faits à l'empereur Napoléon [1]. Et cependant la Russie faisait des préparatifs de guerre, levait un homme sur cinq cents, rappelait des divisions de l'armée du Danube, pour les porter sur le Dniester, etc. Je cite ce fait comme pouvant donner une idée

---

[1] Je tiens ce fait du général Lauriston.

de la prévention du duc de Vicence pour l'empereur Alexandre.

L'Empereur tenait à rassurer la Russie sur la question polonaise. Il s'était résigné à attendre de l'avenir l'exécution du projet de rétablissement de la Pologne. Quelle qu'ait été la latitude laissée au ministre de France dans la stipulation des garanties que sollicitait à cet égard l'empereur de Russie, on conviendra que la convention signée à Pétersbourg le 5 janvier 1810 n'était pas de nature à être admise. Si la Russie pouvait se montrer mécontente du refus d'admettre cette convention, la dignité de la France devait à plus forte raison être blessée de sa forme et de la ratification anticipée apposée à cet acte dont la communication n'avait pas été faite auparavant, contre les usages reçus. L'empereur Alexandre avait montré une outrecuidance qui ne pouvait être supportée, même par un cabinet placé dans un état d'infériorité. En mettant de côté toute arrière-pensée de la part de Napoléon, on conviendra qu'il ne pouvait accepter la forme impérative, et les termes absolus dans lesquels la convention était conçue. A l'article 1er, rédigé en ces termes : « Le royaume de Pologne ne sera jamais rétabli, » il substituait celui-ci : « La France s'engage à ne favoriser aucune entreprise tendant à rétablir la Pologne. » L'article 5 appliquait au seul duché de Varsovie l'interdiction de toute extension de territoire sur l'une des parties composant l'ancien royaume de Pologne. Napoléon rendait cette interdiction commune au duché et à la Russie. En s'engageant à ne pas favoriser le rétablissement de la Pologne, il satisfaisait à la plus grande exigence qu'il fût permis à la Russie de montrer. Il n'était pas le destin, comme il le disait, pour prononcer que la Pologne ne serait jamais rétablie. Pouvait-il consentir à s'armer contre les Polonais ? C'était, selon son énergique expression, lui montrer les Fourches Caudines.

Dans l'état de la lutte que soutenait la France contre l'Angleterre en 1810, l'avantage était du côté de la France. L'Angleterre commençait à souffrir des plaies que le système continental faisait à son commerce. Elle avait perdu tous ses points d'appui en Europe, l'Espagne exceptée. Ce n'était pas le moment de s'arrêter. Le décret de Rambouillet, ordonnant la saisie des bâtiments américains, qui faisaient presque seuls le commerce de l'Angleterre, était une conséquence naturelle de la guerre. On accuse, à cette occasion, l'Empereur d'une incroyable passion, par laquelle il aurait été aveuglé, au point de frapper indistinctement sur ses amis comme sur ses ennemis. Mais son décret n'était pas un acte de représailles contre le gouvernement américain, dont il n'avait pas à se venger, car ce gouvernement se montrait moins hostile à la France qu'à l'Angleterre. Il renvoyait à celle-ci le mal qu'elle voulait nous faire, et poursuivait partout où il pouvait les atteindre les facteurs de son commerce.

Le sacrifice demandé à la Hollande de ses relations commerciales avec l'Angleterre était des plus pénibles pour cet Etat, à l'existence duquel le commerce maritime est nécessaire. L'Empereur le sentait. Il était pénétré de la souffrance qu'éprouvaient les Hollandais. Il le leur a souvent déclaré, en les exhortant à continuer leurs efforts seulement pendant une année encore, promettant de les indemniser largement à la paix.

Le roi de Hollande parut mettre quelque confiance dans une démarche tentée en son nom auprès du cabinet de Londres. Quoique l'Empereur vît peu de chance de succès dans cette tentative, il l'autorisa cependant, mais sans y prendre part. Une double négociation, qu'entama Fouché de son autorité privée, à l'insu du roi Louis et de l'Empereur, la fit promptement échouer. En même temps que M. Labouchère faisait une ouverture au marquis de Wellesley, M. Ouvrard, muni d'instructions du duc d'Otrante, s'adressait de son côté au ministre anglais. Lord Wellesley dut se croire joué, et se hâta de mettre fin à une négociation équivoque, qui ne pouvait que le compromettre. Il est plus que probable que, même sans cet incident, cette négociation n'aurait amené aucun résultat, à cause de l'état d'irritation où étaient les deux pays.

La plupart des écrivains qui ont entrepris de tracer l'histoire de Napoléon, et, parmi eux, il s'en trouve dont le caractère et le talent donnent un grand poids à leur opinion, ont persisté à regarder comme irrévocablement acquises à l'empire français les provinces allemandes dont l'occupation était impérieusement exigée par le besoin d'assurer le succès du système continental. Conclure des termes du message de l'Empereur au sénat, relatif à la réunion de la Hollande à l'empire, qu'il y incorporerait définitivement les pays situés aux embouchures de l'Ems, du Weser et de l'Elbe, ce serait prendre à la lettre une menace faite à l'Angleterre. Le cabinet de Londres, rapportant ses édits, avec eux tombaient les représailles : l'Empereur n'a jamais cessé de le déclarer. L'expression de *circonstances,* employée dans le message, l'explique : le cas de guerre nouvelle dont il y est question était un avertissement donné à la Russie et aux autres puissances de ne pas renouveler une sixième coalition. Eh ! comment supposer que la paix eût pu se faire à ces conditions ! toute la puissance de l'Empereur y eût échoué. Comment se serait-il présenté dans le congrès pour la paix générale, où chacun aurait eu ses comptes à régler, les mains vides et sans cessions à faire, tant de la part de la France que de celle de ses alliés, pour y dicter une paix glorieuse et durable ? D'ailleurs, qui eût pu porter après lui un pareil fardeau ? Il le sentait trop bien celui qui disait, en contemplant le buste de son fils : « Pauvre « enfant ! si tu venais à me perdre aujourd'hui, « tu serais bien malheureux ; ce n'est pas un ha- « bit fait à ta taille ! »

L'Angleterre, retranchée dans son île, protégée par une marine sans rivale, maîtresse du commerce du monde, riche de l'or qu'elle en retirait, était invulnérable. Sa prépondérance maritime mettait à sa discrétion les Etats de l'Europe; son or lui servait à les armer contre la France. Le seul moyen de l'atteindre était de lui fermer les débouchés sur le continent. Le système continental pouvait seul amener ce résultat. C'était sans doute une entreprise gigantesque; mais il était permis à Napoléon de la tenter, lui seul le pouvait : elle n'était pas hors de la portée de son génie; les moyens de la conduire à bonne fin étaient suffisants. Des désastres inouïs sont venus l'assaillir. Il aurait pu les réparer; mais le temps, qu'il appelait le grand élément de tout, lui a manqué !

Le silence qu'il garda envers la Russie, sur la prise de possession des territoires réunis, est jusqu'à un certain point concevable. Il n'ignorait pas ses mouvements de troupes et ses dispositions militaires, la faveur constante accordée au commerce anglais, au préjudice du nôtre, prélude de l'ukase qui condamnait au feu les produits français, et à la saisie seulement les produits anglais. Il s'était plaint à plusieurs reprises des infractions faites aux traités, et n'avait reçu que des réponses évasives ou d'une mauvaise foi évidente. Sans rien changer en apparence à ses relations amicales, il avait renoncé à se plaindre, et à justifier les mesures auxquelles il était entraîné. Il n'attachait plus d'importance à s'en expliquer avec l'empereur Alexandre : le partage de l'empire Ottoman, le non-rétablissement de la Pologne, étaient des points sur lesquels la Russie n'admettait pas de compensation ; partant plus d'espoir de s'entendre. Les proies que l'Empereur avait livrées à son insatiable ambition étaient comptées pour rien : ainsi tous les prétextes dont le cabinet russe couvrait ces deux objets de sa convoitise sont bons pour les manifestes et pour la polémique des journaux. La grande question est de savoir si l'empereur Napoléon était assez fort pour poursuivre l'exécution du système continental, quand il perdait l'espérance d'un concert commun entre la Russie et lui. L'événement a prouvé qu'il avait trop présumé de sa force et de l'énergie des peuples. Mais devait-il, le jour où la Russie se séparait de lui, abandonner une mesure dont les résultats étaient déjà immenses ? Cette défection n'était-elle pas entrée dans ses prévisions et avait-il pu espérer d'en triompher ? Il lui fallait subir les conséquences de cette colossale entreprise, dirigée avec une inébranlable fermeté à travers tant d'obstacles et de périls, et que le succès était à la veille de couronner [1]. Il n'y avait pas d'autre alternative que d'abandonner le système continental, ou de contraindre la Russie à y entrer. Il fit tout pour atteindre ce dernier but. Armement formidable, réunion sous ses bannières des soldats de l'Autriche, de la Prusse et de l'Allemagne, prestige de la fameuse assemblée des

[1] L'auteur de cette lettre a eu de fréquentes occasions de voir l'empereur Alexandre à Schœnbrunn en 1814 et en 1815. Voici littéralement ce que lui dit ce prince, la première fois qu'il y vint. « Mon voyage en An-« gleterre m'a servi à éclaircir un point dont je n'ai pas « cessé d'être préoccupé. J'ai voulu juger par moi-même « des effets qu'y avait produits le système continental. « J'ai interrogé les grands fabricants de Londres, de « Manchester, de Birmingham, de Liverpool, et j'ai rap-« porté la conviction que cette mesure avait fait d'énor-« mes plaies à l'Angleterre, et que si elle avait duré un « an de plus, l'Angleterre aurait succombé. » On pouvait augurer, des réflexions qui accompagnèrent ces paroles, que cette expérience ne serait pas perdue pour la Russie.

souverains de l'Europe, se réunissant à Dresde à la voix du nouvel Agamemnon, sublime, mais dernier sourire de la fortune! Sa prévoyance ne négligea rien.

La position géographique de la Suède, et surtout ses vieilles relations de commerce avec l'Angleterre, la rendaient une des puissances les plus difficiles à retenir dans les conditions du système continental. Mais les actes de son gouvernement accusaient plus d'inertie que d'opposition calculée. La conduite décidément hostile qu'elle tint à notre égard, aussitôt que Bernadotte eut acquis de l'influence dans le gouvernement de ce pays, et surtout quand il en eut pris tout à fait la direction, a fait regretter que l'Empereur n'ait pas usé de sa prépondérance pour écarter du trône de Suède un ennemi caché[1]. Quand les Suédois pensèrent au prince de Ponte-Corvo pour l'élire prince royal, l'Empereur n'avait qu'un mot à dire pour empêcher son élection : il ne le dit pas, et se tint dans une stricte neutralité; son intervention lui parut avoir moins d'avantages que d'inconvénients.

[1] Voir la note E. p. 90

Son principal motif était celui qui l'a empêché de faire de ses frères des vice-rois, au lieu de les placer comme rois sur des trônes : il savait quelle force il donnerait aux accusations d'ambition et de prétention à la monarchie universelle. Au reste, il eût secondé l'élection de Bernadotte, que sa position n'eût pas été changée vis-à-vis de la Russie. Si elle avait envisagé comme une combinaison hostile le *passage* d'un maréchal français au trône de Suède, la conduite du nouveau prince royal ne tarda pas à lui prouver qu'elle n'avait pas à craindre son inimitié. Quoique l'Empereur ajoutât peu de foi aux protestations du futur souverain de la Suède, quoique ses antécédents et la connaissance qu'il avait de son caractère ne fussent pas de nature à le rassurer sur l'avenir, il put croire qu'un noble orgueil, que même cette affectation de sentiments chevaleresques dont Bernadotte aimait à se parer, le porteraient à attacher son nom à la grande tâche de la libération de l'Europe. Il espéra que le sentiment inné de l'amour de la patrie, faisant taire tout autre sentiment, l'éclairerait sur les vrais intérêts des deux pays, qui devaient lui être également chers, quoique à différents titres. La confiance de Napoléon fut trompée : elle était l'erreur d'une grande âme ; erreur qui le conduisit plus tard à mettre son malheur sous la sauve-garde d'un ennemi dont il mesura la générosité sur la sienne. Il est juste de convenir que la position de chef du gouvernement suédois n'était pas sans difficultés ; mais elles n'étaient pas insolubles, puisque Bernadotte s'engageait à les lever, si la cession de la Norvège lui était garantie, couvrant cette demande de la nécessité de présenter aux Suédois un dédommagement des pertes que leur faisait éprouver les rigoureuses exécution du système continental. Il demandait à l'Empereur de lui livrer la dépouille de son plus fidèle allié, qui donnait à la Suède l'exemple de la loyauté. On connaît la noble réponse de Napoléon : « Je n'achèterai pas un allié douteux « aux dépens d'un ami fidèle. » On a dit qu'un chef étranger, appelé à gouverner un pays, doit rompre avec le passé, dépouiller le vieil homme, et s'inoculer la politique, les mœurs et les intérêts de sa patrie adoptive ; mais ces maximes ne peuvent absoudre un prince qui oublie sa foi et son origine au point d'armer ses nouveaux sujets contre une nation qui l'a enfanté, et dont la gloire l'a élevé au rang où il est assis, contre une nation dont le chef, qu'aucune fiction ne peut séparer d'elle, combat pour des intérêts communs aux deux pays! L'affranchissement des mers et la liberté du commerce étaient des avantages que la Suède allait conquérir pour toujours, au prix de sacrifices passagers, qui n'étaient pas au-dessus de ses forces, et sans lesquels rien ne s'acquiert, mais qu'attendaient à la paix d'amples dédommagements. Bernadotte a préféré sacrifier ces avantages durables à un présent sans certitude de lendemain, s'engraisser des pertes de ses co-alliés, en se dispensant d'exécuter des traités communs, dont ils supportaient seuls les charges, ravir à la France une de ses plus belles colonies[1]; et, vassal de la coalition, aller jusqu'en Amérique *embaucher* un complice[2], pour l'amener par la main dans le camp ennemi. L'histoire jugera cette conduite, et

---

[1] Le roi de Suède se fit céder par l'Angleterre, en 1813, la Guadeloupe, qui ne fut restituée à la France qu'en 1814 !!!

[2] Le général Moreau.

dira quel en a été le mobile; tout en randant justice à ces qualités brillantes, lui pardonnera-t-elle d'avoir uni ses efforts à ceux des étrangers pour faire de la France leur proie, et la remettre sous l'autorité de princes contre le retour desquels il avait combattu toute sa vie, dont, mieux que personne, il pouvait apprécier les sentiments hostiles aux idées et aux intérêts nés de la révolution. Qu'est-il arrivé? Ces princes n'ont pu s'identifier avec la nation; quoique leur règne n'ait pas été sans avantages pour la France, ils ont dû céder la couronne à un monarque vraiment constitutionnel, élu du peuple, et juste appréciateur des bienfaits d'une sage liberté.

Le détail des causes qui ont amené le dénouement du grand drame qui s'accomplissait, le rôle qu'y a joué l'empereur Alexandre, le mélange de faiblesse et de perfidie qui ont caractérisé sa conduite, ne fourniront pas les pages les moins curieuses de l'histoire de notre temps. L'influence qu'ont exercée sur la volonté de ce prince les promesses mêlées de menaces de l'Angleterre et les calomnies de leurs libellistes, unies aux craintes que lui inspirait l'opposition de la noblesse russe, l'a empêché de voir qu'il tenait dans sa main le sort du pays que, sur la barque du Niemen, il avait déclaré son ennemi, et le bienfait de la paix générale. Elle a effacé de son esprit les grands avantages qu'il avait tirés de l'alliance française, ceux qui devaient être la conséquence d'une coopération sincère, et l'impulsion que l'industrie russe recevait de l'exécution du système continental, tout imparfaite qu'elle était, impulsion qui s'est communiquée à tous les États engagés dans ce système. Il aima mieux sauver l'Angleterre qu'aider la France à soustraire la Russie et toutes les puissances maritimes à sa domination tyrannique.

Il faut ajouter à l'historique de ce qui s'est passé dans cette année mémorable, où se pressèrent en foule tant d'événements décisifs, que l'empereur Napoléon fut instruit que la Russie avait le projet de commencer la guerre en 1811, et qu'il y avait eu un commencement de concert avec la Prusse. Il dut, en conséquence, se hâter de se mettre en mesure du côté de Varsovie [1].

---

[1] Voir la note F.

La Russie se ravisa. Elle concerta avec les agents anglais un nouveau plan de campagne. En restant sur la défensive, elle ne se donnait pas une apparence d'agression; elle attirait l'armée française dans un pays qu'elle devait transformer en désert, pour l'y faire périr par la famine et l'y retenir assez de temps pour ajouter à la dévastation l'auxiliaire du froid.

La principale raison de l'Empereur pour éviter la guerre était le besoin de pacifier l'Espagne Il dicta, à plusieurs reprises, des notes ayant pour objet d'arriver au moyen d'ajourner la guerre à trois ans [1]. Il comprenait ce que cette guerre, européenne vraiment, avait de désavantages pour lui dans le moment où il dut la faire. Mais rien ne pouvait arrêter le choc de ces deux grands colosses. Il faut bien caractériser les fautes qu'a pu faire Napoléon; mais le moment de les préciser avec certitude n'est pas encore arrivé. L'histoire justifiera peut-être beaucoup d'actes qui sont l'objet du blâme des contemporains.

On ne peut nier que l'Empereur n'ait été pen-

---

[1] Voir la note H.

dant quelque temps sous le charme de l'empereur Alexandre. Quand on n'a pas été témoin de l'abandon, des manières caressantes et entraînantes de ce prince, de sa déférence, pour ainsi dire filiale, pour Napoléon, malgré la presque parité d'âge, on peut douter qu'un esprit si ferme ait pu être séduit. Mais on le conçoit aisément, quand on réfléchit que cet esprit supérieur s'alliait à une âme ouverte à tous les sentiments généreux et bienveillants. Tout cela paraissait d'ailleurs si vrai, qu'il répugne de penser que ces démonstrations si amicales ne fussent qu'un leurre. Mais, après l'entrevue d'Erfurth, Alexandre, rendu à ses entours, à la réalité de sa position vis-à-vis des vieux boyards, aiguillonné par les continuelles excitations de l'Angleterre, troublé par la crainte de complots vrais ou supposés, et par la perspective du sort de son père, livré aux idées de confraternité dynastique avec l'Autriche et la Prusse, à la perfidie des insinuations et des conseils de la coalition, qui n'a jamais cessé d'être flagrante, quoique paraissant assoupie, après les échecs partiels qu'elle essuyait, Alexandre n'était plus le même, et de vagues réminiscences de Tilsitt et d'Erfurth, trop faibles pour triompher de ces influences fatales, venaient jeter de temps en temps de passagères lueurs dans son esprit. Du reste, sa dissimulation naturelle l'a bien servi, et il a joué son rôle avec une supériorité consommée.

Le secrétaire perpétuel de l'Académie des sciences morales et politiques a lu, dans une des séances de cette Académie, une notice historique sur M. de Talleyrand. Ce travail présentait des difficultés dont l'auteur s'est tiré souvent avec bonheur et toujours avec talent. Il est écrit avec dignité et mesure, et il y règne une indépendance qu'on ne peut trop louer. Mais il m'a semblé qu'on y faisait une trop belle part à M. de Talleyrand aux dépens de l'Empereur. J'y retrouve une erreur qui s'est accréditée sous la restauration, mais dont le temps finira par faire justice. On a prétendu que M. de Talleyrand, entre autres personnages de l'empire, avait été le conseiller de Napoléon au temps de sa prospérité, et que, quand l'Empereur a cessé de l'employer, il n'a fait que des fautes [1]. Cette sup-

---

[1] Voir la note I.

position doit être rangée au nombre des attaques de tous genres qui ont été dirigées contre le chef de l'empire, dans un temps où sa personne était livrée à toutes les conséquences de l'inimitié d'une dynastie que l'étranger nous imposait. Les nouveaux gouvernants, intéressés à proscrire la mémoire de celui qui les avait précédés, exaltaient les passions qui s'acharnent toujours sur le pouvoir déchu, semaient le mensonge, l'appuyaient au besoin par la terreur, et ne négligeaient aucun moyen d'égarer l'opinion. *Væ victis!* Il ne faut pas s'étonner que des préventions aient survécu aux calomnies. La marche de la vérité est lente. L'étude de la vie et du gouvernement de Napoléon n'est pas complète; et les documents qui doivent jeter un grand jour sur sa merveilleuse histoire sont encore inédits. Il faut aussi faire la part de la position de l'auteur de la *Notice* : le secrétaire d'une académie est naturellement entraîné, malgré son désir d'être impartial, à justifier le choix de son *protagoniste* devant le corps qui l'a adopté.

Ce serait une prétention exorbitante de soutenir que l'Empereur, dédaignant les observations, n'en a tiré aucun parti. Il les provoquait, au contraire, et les admettait souvent. Mais Napoléon était un génie créateur. La nature l'avait doué d'étonnantes facultés que des circonstances extraordinaires mirent en évidence. Les études d'une jeunesse appliquée et laborieuse les avaient développées. Elles furent perfectionnées par une observation pratique des hommes et des choses, sur un grand théâtre. Il arriva au pouvoir avec des idées arrêtées. Un tel homme ne pouvait être conduit en lisières par personne. Son allure devait être libre et indépendante comme son génie. Sa mission était de reconstruire un nouvel édifice. Il avait sans doute besoin de coopérateurs habiles, qui s'inspirassent de ses idées, et qui missent dans leur exécution le tact et l'habileté qui en facilitent le succès. Sous ce rapport, il fut bien servi.

On ne peut nier que M. de Talleyrand n'ait possédé ce mérite à un haut degré, et n'ait été très-utile à l'Empereur; mais là doit s'arrêter la part qui peut lui être attribuée dans le gouvernement de l'État.

Le doute exprimé par l'auteur de la notice, que ce ministre ait été mis dans le secret de ce qu'il appelle de meurtrières représailles, repose sur une supposition qui n'est point fondée. Il pense que *la douceur et la modération naturelles* de M. de Talleyrand auraient porté le premier consul, qui, dans *la fougue de son ressentiment, et pour la sûreté de sa personne*, ne gardait aucun ménagement, à cacher à son ministre l'acte sanglant qu'il aurait médité.

Un pareil jugement pourra paraître partial pour M. de Talleyrand : il sera nécessairement trouvé injuste à l'égard de Napoléon, qui n'était pas cruel, qui n'avait pas à se venger d'un prince dont l'existence lui était à peine connue, et qui était si dédaigneux de toute précaution contre un danger personnel. Si le premier consul, que son penchant entraînait vers les hommes de cœur, dans quelques rangs qu'il les trouvât, eût pu entendre le duc d'Enghien, considéré généralement comme un homme d'honneur et de courage, certainement ce prince n'eût point péri. Comme ministre des relations extérieures, M. de Talleyrand a donné au colonel Caulaincourt des instructions sur la conduite à tenir envers l'électeur de Bâde, pour l'arrestation du duc d'Enghien. Le rapport fait à ce sujet au premier consul existe, écrit en entier de sa main. Il n'y a donc pas de doute sur ce point. Le ministre des relations extérieures a-t-il pu ignorer qu'une commission militaire, composée du général commandant la place, des colonels de la garnison et d'un capitaine rapporteur, était nommée par le gouverneur de Paris? Cela n'est pas supposable. Ne prévoyait-il pas le résultat de la procédure de cette commission? Il est difficile d'en douter, puisqu'elle était chargée de prononcer sur la culpabilité d'un homme prévenu d'avoir porté les armes contre la république, et de conspirer contre sa sûreté, cas prévus par une législation inflexible. En parlant ainsi, je place M. de Talleyrand dans la position du fonctionnaire le plus étranger à une affaire qui tenait dans une sollicitude dont on peut se faire difficilement une idée aujourd'hui, non-seulement ceux qui avaient une part plus ou moins directe dans le gouvernement, mais encore la population de Paris tout entière. Mais le ministre dont le concours était nécessaire pour justifier auprès de l'électeur de Bade l'arrestation du duc d'Enghien sur le territoire badois, et qui a assisté aux délibérations auxquelles cette affaire a donné lieu, peut-il avoir ignoré tout ce qui s'est passé dans cette circonstance ? En supposant même qu'il eût tout ignoré, il ne faudrait pas tirer du silence qui aurait été gardé envers lui la présomption que la mort du duc d'Enghien, coupable ou non, ait été arrêtée d'avance.

Il y a eu tant de choses dites et écrites sur cette catastrophe, qui a été envenimée par l'esprit de parti, et dont la responsabilité a été déclinée par tout le monde, que, malgré ma répugnance à ramener l'attention sur une affaire aussi fâcheuse, j'essayerai de rétablir la vérité, dans l'espoir de la faire entendre aux esprits prévenus, mais de bonne foi. Ce qui ne peut être contesté, c'est qu'un complot a été tramé contre le chef du gouvernement; que ce complot était entouré d'une obscurité mystérieuse, et que l'État était sur un volcan, dont le cratère était caché; que, dans de telles conjonctures, un homme dont les sentiments et les intérêts n'étaient pas douteux, assisté, comme on l'assurait, d'un des plus dangereux ennemis de la France [1], résidait à quelques lieues des frontières, et que toutes les probabilités se réunis-

---

[1] Le général Dumouriez.

saient pour le faire regarder comme le principal, ou comme l'un des principaux agents du complot; que le devoir du chef de l'Etat était de s'assurer de sa personne avec assez de promptitude et de secret, pour qu'il ne pût, en s'échappant, priver le gouvernement de lumières précieuses, si importantes à obtenir. Jusqu'ici tout est naturel et dans l'ordre. Le gouvernement a fait son devoir. S'il y a eu un tort commis par la violation du territoire de Bade, il peut être excusé par la gravité du cas, par l'urgence, et à cause du patronage que la France exerçait sur l'électorat. Il reste deux points à éclaircir. Le prévenu a été traduit devant un conseil de guerre. Premièrement, les preuves étaient-elles suffisantes pour motiver sa condamnation? Secondement, les preuves venant à manquer, le conseil de guerre devait-il en référer au premier consul?

Il paraît qu'il n'y a pas eu d'autres pièces que des rapports du préfet du département du Bas-Rhin et de l'inspecteur général de la gendarmerie, et d'autres preuves que l'aveu fait par l'accusé, qu'il recevait une pension de l'Angleterre, et qu'il lui était enjoint de rester sur le

Rhin, pour y attendre des ordres. Cette absence de preuves matérielles autorisait-elle le président, puisque la commission militaire jugeait l'accusé coupable, à suspendre l'exécution de la sentence, et à rendre compte des motifs au chef du gouvernement? Il faut ajouter que le duc d'Enghien demandait en même temps avec une vive instance à parler au premier consul. Par le conseil du rapporteur, le capitaine Dautancourt, le prince avait écrit de sa main au bas de son interrogatoire cette demande, qu'appuyait un des juges [1]. Malheureusement la dé-

---

[1] Le colonel Barrois, aujourd'hui lieutenant général.

Les bornes d'une lettre ne permettent pas de répondre à toutes les questions qu'a soulevées cette catastrophe. Il en est une cependant qui ne peut être passée sous silence. On s'est demandé si aucune communication n'avait existé entre la commission militaire et le premier consul, pendant le temps qui s'est écoulé à partir de l'interrogatoire du duc d'Enghien, lequel a précédé son jugement, et l'exécution, qui a eu lieu à six heures du matin. Cet intervalle de cinq heures environ aurait pu suffire à un cavalier bien monté pour faire le trajet de Vincennes à Malmaison (d'à peu près onze lieues, aller et retour). Quelle que soit ma conviction que le premier consul n'a reçu aucun message de Vincennes pendant la nuit, je ne citerai pas comme preuve un témoignage isolé. Un message aurait pu lui être adressé

claration faite par le duc d'Enghien qu'il restait sur le Rhin, pour y attendre des ordres, offrait une coïncidence frappante avec l'existence du complot. Cet aveu a pu paraître à des officiers, jugeant avec la rigueur du Code pénal militaire, et sous l'influence de circonstances aussi graves, une cause suffisante de condamnation. Car des hommes aussi honorables que les membres de cette commission ne se seraient pas dégradés au

sans qu'il me fît éveiller; et je pourrais l'avoir ignoré, malgré les moyens que j'avais d'être instruit. Mais aucune trace de communication verbale ou écrite n'a pu être découverte, malgré les recherches minutieuses de ceux qui avaient intérêt à la trouver. Le président de la commission militaire, auquel le reproche d'inaction a été justement adressé, était le plus intéressé à s'en laver. Dans l'écrit justificatif qu'il a publié, il a dit qu'il se disposait à écrire au premier consul, lorsqu'il en fut brusquement empêché. Je ne discuterai pas le mérite de cette excuse. Je dirai seulement que cette déclaration fournit la preuve qu'aucun ordre direct ni indirect n'a été notifié au président de la commission militaire; car il n'aurait pas manqué de l'alléguer, étant mis en demeure de prouver, au moment où il a publié son mémoire, qu'il n'avait pas ordonné de son propre mouvement l'exécution de la sentence sans appel: il était d'autant plus intéressé à repousser cette responsabilité, que l'opinion presque générale est qu'un recours au chef du gouvernement aurait pu avoir pour effet de sauver le duc d'Enghien.

point de faire fléchir leur conscience devant un ordre sanguinaire. Il n'est donc pas permis de douter qu'ils n'aient agi selon leur conscience. « Aucun ordre, a dit Napoléon, ne peut justifier « la conscience d'un juge. »

Il ressort de ce qui précède que le premier consul a été étranger au jugement de la commission militaire, et à la précipitation avec laquelle la sentence a été exécutée, et qu'il n'a pu avoir connaissance en temps opportun de la demande d'une audience faite par le duc d'Enghien. Quand on lui rendit compte du jugement prononcé dans l'absence des pièces qui avaient été annoncées, et de son exécution immédiate; quand on lui dit que M. Réal, qu'il avait chargé d'interroger le prince, n'avait pu remplir cette mission, parce qu'il avait appris sur le chemin de Vincennes sa condamnation et sa mort, il laissa échapper un brusque mouvement de surprise et de mécontentement, dont je fus témoin. Il resta absorbé dans une profonde méditation, d'où il ne sortit que pour quitter son cabinet, sans proférer une parole. Les lumières qu'il eut depuis, mais qu'il espérait alors obtenir de l'interrogatoire auquel M. Réal devait procéder, lui manquaient. La réflexion lui faisait entrevoir le tort que cet acte de sévérité inutile allait lui causer dans l'opinion. Il devait être en même temps blessé de ce qu'on eût disposé du sort d'un prisonnier aussi important, sans que le doute qui avait dû s'élever dans l'esprit des juges eût fait recourir à ses derniers ordres. Peut-on dire tout ce qui s'est passé dans cette âme d'une trempe si peu commune à ce moment solennel ? Mais le mal était irréparable. Avec le sentiment de sa dignité et de son devoir comme chef de l'État, il jugea qu'il devait accepter la responsabilité de ce qui avait été fait. Il se contenta de prescrire un silence absolu sur toute cette affaire. En cela il fit preuve d'un grand sens.

Les passions commencent à se calmer sur cet événement, qui est apprécié plus froidement aujourd'hui ; et qui finira par être jugé à sa valeur réelle. Mais de quelque manière qu'on l'envisage, en considérant le rang du duc d'Enghien et les titres que le sang illustre d'où il sortait lui donnaient à la sympathie nationale, il faut déplorer sa mort comme un malheur. Car comment rester insensible à l'extinction, arrivée dans des circonstances aussi douloureuses, d'une race de héros qui avaient jeté sur les armes françaises une si grande illustration !

Comme dernière pièce à l'appui de ce procès qui a servi pendant longtemps d'aliment à la prévention ou à la mauvaise foi, et sur lequel il est à désirer que la discussion ne se rouvre plus, je citerai les notes suivantes, écrites *ab irato,* de la main de l'Empereur, à Sainte-Hélène, et qui n'ont pas encore été publiées; on y verra qu'exaspéré par l'injustice de ses ennemis, il les met, pour ainsi dire, au défi; qu'il juge au-dessous de sa dignité d'avouer la première impression dont il ne put se défendre à la première nouvelle de l'exécution du jugement, et qu'il prend à tâche de décharger ses ministres ou autres conseillers de toute accusation d'y avoir participé.

« Caulaincourt, aide de camp de Napoléon, a
« obéi, et il devait obéir à l'ordre de Talleyrand de
« se rendre à Bade[1], et de faire, au même moment
« qu'Ordener arrêtait le prince, la demande de
« l'extradition, et depuis, des excuses pour la
« violation du territoire. Ordener a dû obéir à
« l'ordre de passer le Rhin avec trois cents dra-

[1] Napoléon a voulu dire Strasbourg; il n'avait pas, quoi qu'on ait dit, la mémoire des noms.

« gons, et d'arrêter le prince. La commission mi-
« litaire a dû le condamner à mort si elle l'a
« trouvé coupable : ainsi, innocent ou coupable,
« Caulaincourt et Ordener ont dû obéir. Coupa-
« ble, la commission militaire a dû le condamner ;
« innocent, elle eût dû l'acquitter, car aucun
« ordre ne peut justifier la conscience d'un juge.

« Il n'y a pas de doute que si Caulaincourt eût
« été nommé juge du duc d'Enghien, il se fût
« récusé ; mais, chargé d'une mission diploma-
« tique, il a dû obéir. Tout cela est si simple,
« que c'est folie d'y trouver à redire ; il est vrai
« encore que le parti des Bourbons s'étant
« acharné à calomnier Caulaincourt pour la pe-
« tite part qu'il avait eue dans cette affaire, cela
« a été l'origine de sa faveur. La mort du duc
« d'Enghien doit être attribuée à ceux qui diri-
« geaient et commandaient de Londres l'assassi-
« nat de Napoléon par George et Pichegru, et
« destinaient le duc de Berry à se rendre, après
« la mort de Napoléon, en France par la falaise
« de . . . .[1] ; et le duc d'Enghien à s'y rendre
« par Strasbourg. »

[1] Le mot Béville est en blanc dans les notes origi-
nales.

Répondant à ce qu'on a dit, que l'impératrice Joséphine, la reine Hortense, Cambacérès et Berthier le conjurèrent de respecter la vie du duc d'Enghien, l'Empereur ajoute : « Cela est faux; le « duc d'Enghien, traduit au château de Vincennes, « fut jugé et fusillé avant que personne sût qu'il « était arrêté; d'ailleurs, on était alors si indi- « gné de la conduite connue du comte d'A., qui tra- « mait des assassinats dans Paris, que ce fut un « concert unanime de satisfaction aux Tuileries, « et parmi les amis et parents des ministres et « des personnes intéressées à l'État. »

On avait avancé que Fouché et quelques autres régicides avaient pressé l'exécution du prince, pour servir Napoléon, sa famille et la France, en assurant la mort d'un Bourbon. Il s'empresse d'écrire : « Cela est faux; Napoléon « savait que si la commission militaire le trou- « vait coupable, elle le ferait exécuter dans les « vingt-quatre heures. » (Mais non pas dans les deux heures). Il ajoute : « Le prince de Talley- « rand s'est conduit dans cette occasion comme « un fidèle ministre, et l'Empereur ne lui a rien « reproché là-dessus. Si l'affaire du duc d'Eng- « hien était à recommencer, l'Empereur ferait

« encore de même. L'intérêt de la France, la di-
« gnité de la couronne et la *loi* d'une juste re-
« présaille lui en ont fait une *loi*. »

Dans un autre passage il dit : « La mort méri-
« tée du duc d'Enghien nuisit à Napoléon dans
« l'opinion, et ne lui fut d'aucune utilité poli-
« tique. »

En réponse à l'idée qu'on lui a prêtée de pu-
blier, pendant les cent jours, une note semi-
officielle sur l'arrestation et la mort du duc
d'Enghien, il dit ce qui suit : « Cela est faux;
« Napoléon ne s'occupait pas du duc d'Enghien,
« qui avait été justement arrêté et puni par un
« conseil militaire. Le général Moreau, dès 1797,
« s'était plaint, dans un rapport au directoire
« exécutif, lors du 18 fructidor, des intrigues
« que ce prince tramait d'Offembourg avec Pi-
« chegru et ses agents dans l'armée : ce prince
« faisait partie de la conspiration de George et
« de Pichegru ; il fut, en conséquence, arrêté
« et condamné à mort par le tribunal compétent.
« Il n'y eut qu'un acte irrégulier : ce fut de le
« faire arrêter à trois lieues des frontières de
« France, dans le pays de Bade. Mais Napoléon
« était le protecteur de cette maison; il lui fit

« demander l'extradition par le colonel Caulain-
« court, son aide de camp, pendant qu'Ordener
« passait le Rhin, à Neubrisach, avec trois cents
« dragons, et arrêtait le prince et ses agents dans
« sa maison d'Ettenheim. »

Le chef de l'État a rempli un devoir impérieux, et la postérité ne lui imputera aucun blâme pour cette action.—Il avait, a-t-on dit, soif du sang des Bourbons. Mais les Smogglers, qui faisaient le commerce de contrebande entre la France et l'Angleterre, avaient proposé au ministre de la police de lui livrer tous les membres de cette famille. Il ne leur a été répondu que par la menace de les punir sévèrement de la moindre tentative qu'ils se permettraient contre la liberté ou contre la vie de ces princes.

Au début de la campagne de 1805, M. de Talleyrand reçut l'ordre de se rendre à Strasbourg[1]. C'est un usage qui a été constamment suivi par l'Empereur dans toutes ses campagnes, que celui d'établir le ministre des relations extérieures dans un lieu rapproché du théâtre des opérations militaires, pour que la correspondance

---

[1] Voir la note J.

diplomatique, qu'il lisait toujours avec une extrême attention, pût lui être transmise plus promptement; et comme la fin de toute guerre est nécessairement la paix, comme l'extrême rapidité des progrès des armées françaises donnait ouverture à de fréquentes tentatives de négociations de la part de l'ennemi, il fallait que le ministre des relations extérieures se trouvât à la moindre distance possible du quartier impérial, pour qu'il pût s'y rendre promptement au premier ordre qu'il en recevrait. C'est ainsi qu'en 1805, M. de Talleyrand fut appelé d'abord à Strasbourg, puis à Vienne; qu'en 1806 et 1807, pendant les campagnes de Prusse et de Pologne, il vint s'établir à Mayence, et, successivement, à Berlin, à Varsovie et à Tilsitt; qu'en 1808, pendant les événements d'Espagne, le duc de Cadore suivit l'Empereur à Bayonne; et qu'en 1809, le même ministre se rendit à Strasbourg au début de la campagne, et de là fut appelé à Vienne, etc., etc. Ce détail m'a paru nécessaire pour expliquer la présence de M. de Talleyrand à Strasbourg en 1805. On pourrait inférer des expressions dont se sert M. Mignet, qu'il s'y trouvait par sa seule volonté, et comme pour tenir l'Empereur plus immédiatement sous sa direction. Je ne dis pas que M. Mignet ait eu cette pensée; mais les étrangers, qui ont en général une idée exagérée de la position de M. de Talleyrand auprès de l'Empereur, pourraient croire que le ministre a pu quelquefois se rendre impunément indépendant du souverain.

M. Mignet dit que ce ministre adressa à l'Empereur, après la prise d'Ulm, un plan de traité avec l'Autriche, et lui proposa un vaste arrangement de l'Europe, le tout écrit de sa main [1]. Je ne trouve dans mes réminiscences de cette époque, où j'étais seul au cabinet de l'Empereur, la trace d'aucun mémoire adressé par le ministre des relations extérieures sur une question aussi compliquée. Son étendue en aurait fixé le souvenir dans mon esprit; car on conçoit qu'un pareil sujet n'aurait pu être traité qu'avec de grands développements. Ceux qui ont connu M. de Talleyrand savent que s'il excellait à tenir une conférence diplomatique, il n'était pas assez laborieux pour composer des mémoires raisonnés. Dans ses lettres à l'Empereur, il a dû nécessairement émettre ses idées sur les bases de la

[1] Voir la note J.

paix qu'il jugeait devoir suivre infailliblement le grand désastre que les armes autrichiennes venaient d'essuyer. Cette espérance d'une paix immédiate fut trompée. L'Autriche ne se découragea point. Comptant sur le secours des Russes, elle ne désespéra pas des chances de la guerre, qui fut continuée avec vigueur. Des événements importants en furent la conséquence, et amenèrent la victoire d'Austerlitz, qui fit prendre aux choses une face nouvelle.

M. Mignet paraît croire que le plan de pacification, conçu par M. de Talleyrand, aurait préparé à l'Europe un meilleur avenir, en satisfaisant tous les intérêts. Il ne m'appartient pas de juger le mérite de cette conception. Pourquoi ne fut-elle pas agréée par l'Empereur? Il serait nécessaire de connaître les objections qu'il aurait eues à y opposer, pour répondre à cette question. Une combinaison qui n'a pas réussi, jugée après l'événement, a tort devant la combinaison qui n'a pas été tentée. Il est, par conséquent, difficile de décider: — si le plan proposé par M. de Talleyrand, en admettant l'époque où il fut soumis à l'Empereur, était exécutable; — s'il aurait produit les effets que son auteur en attendait; — si l'Etat vénitien, par exemple, pouvait former une république indépendante au milieu de l'Italie ; — si les arrangements imposés auraient contenté l'Autriche, la Russie, la Prusse et la Porte ; — si l'affaiblissement de l'empire Ottoman nous aurait été avantageux ; — si la paix avec l'Autriche aurait pu être rendue commune à l'Angleterre ; — si l'on aurait pu désintéresser cette dernière puissance, sans l'accord de laquelle rien n'eût été stable en Europe ; — si la paix aurait été durable aux conditions proposées, etc., etc.— Il faudrait tenir compte des raisons qu'a eues le premier consul de rechercher l'alliance de la Russie, à son arrivée aux affaires ; de ses relations avec cette puissance, que la mort tragique de l'empereur Paul et la conduite hostile de son successeur interrompirent, pour être reprises plus tard à Tilsitt ; des efforts qu'avait faits Napoléon, consul et empereur, pour se concilier la Prusse, et fonder avec cet Etat une alliance étroite, en lui transportant la suprématie que l'Autriche exerçait sur l'Allemagne ; de son regret de voir toutes ses mesures rompues par les indécisions de la Prusse (ce cabinet, lors de la campagne de 1805, prit lui-même le soin de dissiper toute illusion en mettant à découvert ses intentions malveillantes); de la conviction qu'il avait acquise du défaut de sincérité des puissances de l'Europe, la Saxe et le Danemark exceptés; de la violence des passions, de la tyrannie de la peur, et de l'orgueil dynastique, qui leur faisait préférer à tous les avantages qu'elles auraient obtenus par la France, la guerre perpétuelle, proclamée par Pitt en plein parlement, legs terrible laissé par le génie fatal de ce ministre à une école trop fidèle à ses maximes; de l'impossibilité où il s'est trouvé, tant que l'Angleterre n'était pas soumise, de contracter avec les cabinets des traités durables, quand ses cabinets ne les considéraient que comme des trêves, et ne se faisaient pas scrupule de les rompre à la première occasion. Il faudrait, pour cela, remonter aux causes, et embrasser toute l'histoire politique de l'Europe depuis 1800.

Le soin qu'on prend de faire de M. de Talleyrand une puissance qui traitait d'égal à égal avec l'Empereur ne tend qu'à rabaisser le prince, sans élever le ministre. Il est connu que ce n'est pas tout à fait volontairement que M. de Talleyrand cessa de diriger, comme le dit M. Mignet, la politique de Napoléon[1]. L'Empereur fut forcé de se priver des services de son ministre, parce qu'il eut de fortes raisons de l'éloigner de ses conseils.

Napoléon avait une qualité précieuse, celle de s'attacher à ceux qui avaient servi sous ses yeux, ou dont les services lui étaient personnellement connus. Les disgrâces qu'ils ont pu encourir, quelqu'en aient été les motifs, n'ont jamais été irrévocables; tôt ou tard son penchant le ramenait vers eux, ou, s'il croyait devoir les tenir éloignés de sa personne, parce qu'ils devaient une réparation au pays, il les dédommageait par d'autres emplois. Quels que fussent les torts de M. de Talleyrand, la prudence de Napoléon l'empêcha de leur donner de la publicité, et sa bonté naturelle récompensa des services passés par une des grandes dignités de l'empire.

Le soupçon de collusion avec l'étranger, une duplicité de langage à l'occasion des affaires d'Espagne, des indiscrétions qui, de la part d'un per-

---

[1] Voir la note K.

sonnage connu par son extrême réserve, avaient tout le caractère de l'intrigue, quand il dut être envoyé à Varsovie, en 1812, finirent par lui aliéner le cœur de l'Empereur. Cependant Napoléon ne put se résoudre à l'éloigner entièrement de sa cour; l'habitude survécut en lui à l'estime. Il lui répugna de le punir; il eut le tort de lui conserver la faculté de nuire, et, en définitive, de lui laisser les moyens de consommer sa ruine.

Il est permis d'admirer la dextérité qu'a montrée M. de Talleyrand au congrès de Vienne. Mais quel en a été le résultat ? Il faut déplorer, avec M. Mignet, qui professe à cette occasion les plus nobles sentiments, le mauvais usage que le représentant de la France fit de l'influence qu'il obtint sur les délibérations du congrès, dans les questions d'un intérêt national. Ce ne fut pas l'amour de la patrie qui lui dicta la déclaration du 13 mars 1815, cet acte emprunté aux siècles de barbarie qu'adoptèrent les alliés Aucun motif ne peut absoudre un Français qui attire sur son pays les armes de l'étranger; mais le respect de soi-même devait interdire à un ministre de Napoléon jusqu'à la pensée de séparer la France du souverain de son choix. Les ennemis de la France seuls pouvaient concevoir cette combinaison. Les réflexions que fait à ce sujet M. Mignet sont aussi patriotiques que bien exprimées. Quels maux les efforts de Talleyrand, pour perdre Napoléon, n'ont-ils pas attirés sur notre malheureuse patrie! Il continua, en 1815, l'œuvre fatale qu'il avait commencée en 1814. Il avait appelé, en 1814, l'étranger à Paris; en 1815 il contribua à l'y ramener, avec un surcroît de désastres et de calamités, dont le souvenir sera inséparable de son nom. Il concourut, en 1815 comme en 1814, à briser le seul instrument qui pouvait nous délivrer de l'occupation étrangère, et mit le comble à notre humiliation.

En définitive, quelle mémoire laissera M. de Talleyrand? S'il m'était permis de devancer le jugement que portera l'histoire sur cet homme politique (je ne juge pas l'homme privé), je dirais que quelles que soient les subtilités à l'aide desquelles il veuille expliquer son système de défections, il encourra le juste reproche d'avoir sacrifié trop souvent à son intérêt personnel la religion du serment et la morale. Cachant l'esprit le plus actif sous des traits impassibles, et une ambition toujours éveillée sous une insensibilité apparente, avide d'argent comme moyen d'influence, préférant la renommée d'homme habile à celle d'homme vertueux, sachant attendre avec patience l'occasion qu'il ne fit jamais naître, mais dont il sut toujours profiter avec une rare adresse, il s'est associé à tous les gouvernements légitimes ou illégitimes, sur les ruines desquels on l'a toujours vu s'élever. M. de Talleyrand ne fut ni un ministre patriote, ni un homme supérieur, dans la bonne, dans la véritable acception de ce terme. Il ne fut qu'un très-habile artisan d'intrigues. En lui s'est éteint le dernier représentant peut-être des grands seigneurs d'une époque qu'un abîme sépare de la nôtre, et où les qualités extérieures recouvraient le plus souvent les vices d'un vernis brillant. Ses amis lui accordent de la bonté. Il est vrai de dire qu'il portait de la bonhomie dans les relations où ses projets d'ambition n'étaient pas heurtés. Mais la bonté, qui va jusqu'à l'abnégation, ne fut point sa qualité distinctive. Cette généreuse disposition de l'âme est incompatible avec le sentiment stérile qui rapporte tout à un intérêt personnel.

Je dois, en terminant, rendre de nouveau justice à la fermeté de principes qui distingue l'écrit de M. Mignet. Malgré les ménagements que lui imposaient sa qualité de secrétaire de l'Académie des sciences morales et politiques, et l'amitié vraie ou intéressée que lui témoignait M. de Talleyrand dans les dernières années de sa vie, il n'a pas hésité à blâmer ce qui était blâmable, avec plus d'indulgence toutefois que n'en montrera l'équitable postérité.

Veuillez agréer, etc.

BARON MENEVAL.

NOTES ADDITIONNELLES.

En s'adressant à un auteur qui, par la nature même du travail qu'il a entrepris, doit connaître et rechercher tout ce qui se rapporte à l'histoire de Napoléon, M. le baron Meneval avait seulement rappelé les faits qu'il voulait rectifier ou démentir; mais en rendant sa lettre publique, l'éditeur a pensé que de plus amples explications étaient nécessaires. Les notes additionnelles qui suivent renferment ces explications.

NOTE *A* (page 9).

Double pensée de Napoléon. — Abattre l'Angleterre; rétablir la Pologne.

« Depuis le démembrement de la Prusse, la pensée de Napoléon ne cessa d'être préoccupée de deux grands projets, le premier d'abattre la puissance anglaise, le second de rétablir la Pologne. Mais les voies pour atteindre ces deux grands buts étaient bien différentes: *L'une était droite et franche, l'autre oblique et mystérieuse.* La guerre contre l'Angleterre se faisait à la face du ciel : elle embrassait le monde; elle avait pour théâtres toutes les mers, pour acteurs ou instruments presque tous les États civilisés du globe. Le rétablissement de la Pologne, au contraire, était une œuvre non-seulement d'une difficulté immense, mais compliquée d'intérêts majeurs et divers, et qui commandaient des ménagements extrêmes. Pour l'accomplir, il fallait beaucoup de temps, des intervalles de repos suivis d'efforts prodigieux, une puissance dictatoriale, et, jusqu'à la dernière crise de son achèvement, une *dissimulation* profonde. De là, pour l'empereur Napoléon, un *rôle double* où l'audace des pensées et des actions était forcée de s'envelopper de mystères et de dénégations, rôle que, d'ailleurs, ne repoussait pas son caractère à la fois énergique et *dissimulé*. — Ainsi, nous le voyons, à Tilsitt, d'une main poser les fondements de la nouvelle Pologne; et, de l'autre, s'unir à cet empire de Russie auquel, tôt ou tard, il faudra bien qu'il arrache le fruit du triple partage; il croit avoir assez fait dans ce premier effort : le germe est créé; c'est au temps et aux événements à le développer. Pour le moment, l'alliance de la Russie suffit aux exigences de sa politique : il l'a contractée de bonne foi, avec la résolution d'y rester fidèle, tant que la défection de son allié ou la violence des événements ne l'auront point détruite. Bientôt une nouvelle guerre s'allume en Allemagne. Cette guerre révèle la fragilité de l'ouvrage de Tilsitt; mécontent de son allié, Napoléon se regarde comme dégagé des promesses qu'il lui a faites à Tilsitt et à Erfurth, touchant la Pologne. L'État, dont il a jeté les bases en 1807, il l'agrandit en 1809; le duché polonais s'accroît de deux millions d'âmes; l'édifice s'élève, déjà ses grandes proportions se dessinent, mais il n'est point terminé, et le moment de la crise dernière n'est point venu. A Vienne comme à Tilsitt, il veut s'arrêter; il espère que, de sa main puissante, il pourra diriger encore cette grande question de la Pologne, la tenir à l'écart et en ajourner dans un vague avenir la solution. Il ne voit pour le moment qu'un but : abattre l'Angleterre. Maintenant que presque tous les États du continent lui sont soumis ou alliés, il va mettre à une dernière épreuve l'obéissance des uns, le dévouement des autres, pour que tous concourent, par un effort immense, à réduire sa grande ennemie maritime. Dans cette lutte décisive, le premier rôle, après le sien, appartient de droit à l'empereur Alexandre. Son alliance lui est plus que jamais nécessaire. Il s'agit d'une partie définitive qu'il ne peut gagner, s'il n'obtient de son allié un concours absolu et sans réserve.

« Cependant sa pénétration est trop grande, il sait trop la portée de ses actes, pour se dissimuler l'effet irritant qu'a dû produire à Saint-Pétersbourg le dernier traité de Vienne..... Il compte sur le prestige de sa force, sur le caractère facile d'Alexandre, sur l'ascendant moral qu'à Tilsitt et à Erfurth il a exercé sur lui, et qu'il espère avoir conservé. Les premiers mouvements d'irritation calmés, il se flatte de le ramener à lui à force d'empressements et d'égards. Tous ses efforts vont tendre désormais à ranimer sa confiance, et à le rassurer sur le sort de ses provinces polonaises.

« Aussitôt après la signature du traité du 14 octobre, il lui avait écrit de Schœnbrünn une lettre remplie des témoignages les plus affectueux, paraissant avoir oublié tous ses torts dans la dernière guerre, et ne se rappeler que les épanchements de Tilsitt et d'Erfurth. Cette lettre contenait une *déclaration formelle de sa part de ne point rétablir la Pologne*. Elle accompagnait la copie du traité de Vienne, et elle était destinée à en amortir l'impression fâcheuse.....

« Le duc de Vicence avait remis lui-même entre les

mains de l'empereur de Russie la copie du traité du 14 octobre. Alexandre l'avait lue avec une extrême attention, sans proférer un mot, mais avec un visage troublé et mécontent. La lecture achevée, il était tombé dans un silence morne et plein de tristesse, comme un homme frappé d'un coup inattendu. Il en était sorti par ces mots : « Je suis mal récompensé d'avoir remis mes « intérêts dans les mains de l'empereur Napoléon, et de « l'avoir secondé, comme je l'ai fait, dans la guerre et « les négociations. Il semble qu'on ait pris à tâche de « faire justement le contraire de ce que j'avais de-« mandé. » Puis, il avait ajouté que ces intérêts blessés ne l'empêchaient point de sentir tout le prix de la paix ; « il l'acceptait telle qu'elle avait été signée, et il l'exécu-« terait loyalement. »

« Le comte de Romanzoff, obligé à moins de ménagements, mit à nu la pensée intime de son gouvernement. « Evidemment, dit-il à notre ambassadeur, vous cher-« chez à remplacer l'alliance russe, dont vous ne voulez « plus, par celle du grand-duché. » Le cabinet de Saint-Pétersbourg ne se borna point à ces plaintes verbales : il adressa une note au duc de Vicence, note pleine de reproche et d'amertume : « L'empereur Napoléon, y « était-il dit, dispose de sa propre volonté de 2,400,000 « habitants, appartenant à un pays occupé par les troupes « russes qui l'ont conquis ; l'adjonction de 2,000,000 « d'âmes au grand-duché de Varsovie va développer la « puissance de cet État, nourrir la pensée de ses habi-« tants, partagée par l'opinion du monde, qu'il est des-« tiné à redevenir royaume de Pologne. Sa Majesté le « dit sans hésiter : elle était en droit de s'attendre à un « autre dénouement » (M. A. LEFEBVRE, *Histoire politique des cours de l'Europe*).

Note *B* (page 16).

Divorce. — Négociations avec la Russie pour obtenir une princesse russe. — Mariage de l'Empereur avec une archiduchesse d'Autriche. — Projets de M. de Metternich.

«Une crainte continuelle obsédait la pensée de Napoléon, c'est qu'à sa mort tous les intérêts ennemis de son gouvernement ne se réunissent pour détruire l'œuvre de son génie et de ses victoires, et que la France ne devînt la proie du jacobinisme ou d'une contre-révolution bourbonnienne. «Mes ennemis se donnent ren-«dez-vous sur ma tombe», s'écriait-il souvent. — En devenant le fondateur d'une dynastie nouvelle, il espérait tout à la fois conjurer les coalitions de l'étranger, les complots de l'intérieur, les ambitions de sa propre famille, et intéresser à la conservation de son trône celle des cours de l'Europe à laquelle il s'allierait. Ainsi, le désir de se créer une grande alliance continentale qui l'a porté à chercher successivement son point d'appui à Berlin, à Vienne, et enfin à Saint-Pétesbourg, ce désir va le guider encore dans le choix de sa nouvelle épouse. Le dévouement du prince Eugène eut alors à subir de cruelles épreuves. Ce fut lui que l'Empereur chargea de préparer sa mère au coup qui, en la frappant, semblait devoir le déshériter de la plus belle couronne du monde.....

«Le 16 décembre, un *sénatus-consulte*, adopté par le sénat, déclara dissous le mariage de l'empereur Napoléon avec l'impératrice Joséphine.....

«Napoléon avait à choisir une nouvelle épouse. Trois partis se présentaient à lui : une princesse de Saxe, une archiduchesse d'Autriche et une grande-duchesse de

Russie. Une alliance avec la maison de Saxe n'eût répondu qu'imparfaitement au but que se proposait l'Empereur; elle n'eût point renforcé son système et elle eût certainement déplu à Saint-Pétesbourg. Une archiduchesse était un brillant parti, mais qui avait un inconvénient immense, celui de nous aliéner l'empereur Alexandre. Restait le parti russe, qui réalisait au plus haut degré tous les avantages d'une alliance de famille.

« L'empereur Alexandre avait une sœur, la grande-duchesse Anne Petrowna, âgée de seize ans. C'est à cette jeune princesse que Napoléon résolut de s'unir. Les convenances politiques le guidèrent surtout dans cette préférence. Il ne pouvait s'abuser sur les dispositions actuelles d'Alexandre, et il savait bien que pour le rattacher à sa cause, il fallait d'autres garanties que de simples protestations d'amitié. Évidemment la guerre de 1809 et le traité qui l'avait terminée avaient comme dissous l'alliance de Tilsitt. Les intérêts de la France et de la Russie, harmonisés par cette alliance, étaient devenus incompatibles et déjà tout à fait hostiles, et cependant, la première ne pouvait se passer du concours de la seconde, dans les mesures extrêmes et décisives qu'elle méditait contre l'Angleterre.... Napoléon se flatte de concilier le maintien de l'alliance et de la paix par une alliance de famille; il espère qu'Alexandre ne résistera point à un témoignage aussi éclatant d'attachement, et qu'il lui rendra la confiance et l'amitié qu'il lui exprimait naguère.

« Le 22 novembre, près d'un mois avant la consommation du divorce, des instructions spéciales furent envoyées à Caulaincourt, pour qu'il préparât les voies à cette alliance. « Dans l'entrevue d'Erfurth, lui écrivit

« le duc de Bassano, l'empereur Alexandre doit avoir
« dit à l'empereur Napoléon qu'en cas de divorce la
« princesse Anne, sa sœur, était à sa disposition. Sa
« Majesté veut que vous abordiez la question franche-
« ment et simplement avec l'empereur Alexandre, et
« que vous parliez en ces termes : *Sire, j'ai lieu de pen-*
« *ser que l'empereur des Français, pressé par toute la*
« *France, se dispose au divorce. Puis-je mander qu'on peut*
« *compter sur votre sœur? Que votre Majesté veuille y*
« *penser deux jours, et me donne franchement sa réponse,*
« *non comme à l'ambassadeur de France, mais comme à*
« *une personne passionnée pour les deux familles. Ce n'est*
« *point une demande formelle que je vous fais, mais un*
« *épanchement de vos intentions que je sollicite.* » Cette
lettre était signée par le ministre, mais avait été dictée
par l'Empereur.

« Lorsque la dépêche parvint à notre ambassadeur,
Alexandre visitait les provinces de son empire, d'où il
ne revint à Saint-Pétesbourg que dans les derniers
jours de décembre. Le duc de Vicence mit à profit cette
absence; il prit des informations précises sur la grande-
duchesse Anne, et il sut que sa constitution, d'une
apparence frêle, venait à peine d'atteindre son entier
développement. — Dans le moment même où il transmettait ces indications à l'Empereur, et avant qu'elles
ne fussent arrivées à Paris, Napoléon lui envoyait l'ordre exprès de demander en son nom la main de la grande-
duchesse Anne. La lettre qui contenait ces ordres portait la date du 13 décembre, et elle avait été dictée,
comme celle du 22 novembre, par l'Empereur lui-
même. « On n'attachait, disait-il, dans cettre lettre, au-
« cune importance à la différence des religions, et on
« voulait une réponse immédiate. » La même lettre ren-

fermait ces mots : « Partez de ce principe que *ce sont
« des enfants qu'on veut.* »

« Tandis que cette négociation s'ouvrait à Saint-Pétersbourg, l'Autriche se mettait sur les rangs, et, prenant l'initiative, offrait d'elle-même à Napoléon la main d'une archiduchesse. Elle fut certainement instruite à temps du projet de divorce et de l'intention de l'Empereur de demander une épouse à la Russie. Cet événement, dans la détresse actuelle de l'Autriche, avait une portée immense. Il ne pouvait y avoir de sûreté pour elle qu'autant que la France et la Russie cesseraient d'être intimement unies. Leur alliance causait son désespoir, puisqu'elle ne lui offrait en perspective que ruine ou servitude...

« M. Metternich aborda le premier ce sujet délicat (une alliance de famille avec Napoléon) avec le comte de Narbonne, gouverneur de Trieste, qui se trouvait alors à Vienne. Après avoir d'abord enveloppé sa pensée de voiles diplomatiques, comme c'est l'habitude de son esprit, il finit par s'expliquer clairement. « Croyez-
« vous, dit-il à Narbonne, que l'empereur Napoléon
« ait jamais eu l'envie de divorcer avec l'impératrice? »
Sur les réponses vagues du comte de Narbonne, il reprit et s'étendit longtemps et avec chaleur sur les convenances et la possibilité d'une alliance de famille entre les deux cours. Le nom de l'archiduchesse Marie-Louise fut prononcé, puis il ajouta : «Cette idée est de moi seul,
« je n'ai point sondé les intentions de l'Empereur à cet
« égard ; mais outre que je suis comme certain qu'elles
« seraient favorables, cet événement aurait tellement
« l'approbation de tout ce qui possède ici quelque for-
« tune et quelque nom, que je ne le mets pas un mo-
« ment en doute. »

« Il est probable que la dépêche du comte de Narbonne, relative à cette ouverture, parvint à Paris à peu près en même temps que les renseignements de Caulincourt sur la complexion délicate de la grande-duchesse Anne. Ces renseignements durent préparer Napoléon à un refus de la Russie, et le disposèrent tout naturellement à recevoir les offres de l'Autriche.

« La question du mariage fut entamée avec l'ambassade d'Autriche par un agent non officiel, le comte Alexandre de Laborde; il en reçut la déclaration formelle que, si l'empereur Napoléon demandait la main de l'archiduchesse Marie-Louise, il trouverait un accueil favorable. Cette négociation fut conduite, de notre côté, avec tant d'art et de réserve, *que le nom de l'Empereur ne s'y trouva nullement compromis*, et qu'il n'y eut d'engagé que le parole du prince de Schwartzemberg, ambassadeur d'Autriche.

« L'Empereur tenait ainsi dans ses mains *les fils d'une double négociation* tout prêt à conclure avec la Russie si elle acceptait; avec l'Autriche, si la réponse de Pétersbourg n'était point favorable. Cette réponse arriva enfin.

« L'empereur Alexandre avait paru extrêmement sensible à la demande de Napoléon; mais il avait répondu aussitôt que l'âge trop tendre de sa sœur serait peut-être un obstacle à une alliance qui comblerait les vœux les plus chers de son cœur; « il allait, ajouta-t-il, en
« conférer avec l'impératrice, sa mère, qui en déci-
« derait elle-même. »

« La demande rencontra, dans cette princesse, des objections de plus d'un genre : les unes avouées hautement et en quelque sorte officielles, c'étaient celles relatives à la constitution délicate de sa fille; d'autres, plus secrètes et plus vives, inspirées par l'orgueil dynastique et des préjugés de race. De plus, on élevait des prétentions singulières sur la question religieuse : on exigeait une chapelle aux Tuileries, avec tout le cortége du culte grec.

« Quant à l'empereur Alexandre personnellement, il désirait vivement l'alliance, faisant bon marché des préjugés dynastiques dans une affaire où la politique avait une si grande place... Il commençait à prodiguer de nouveau à notre ambassadeur les paroles amicales et flatteuses. — Le 2 janvier 1810, il lui dit avec une grâce pleine de séduction : « Qu'il ne soit plus question
« entre nous de reproches ni de plaintes; j'ai été pour
« l'empereur Napoléon encore plus un ami qu'un allié,
« je le serai plus que jamais, maintenant qu'il me ras-
« sure sur les justes inquiétudes qu'il m'avait données;
« et *le temps lui prouvera que je suis de ces gens que rien*
« *ne change*. Ce n'est pas seulement vers votre nation
« que me portent mon cœur et mes opinions, mais aussi
« vers le grand homme qui vous gouverne... » Il demandait un *délai de quelques mois*.

« Mais la dignité du chef de la France ne lui permettait pas de rester plus longtemps à la merci d'un refus de l'impératrice-mère « Ajourner, c'est refuser, dit-il;
« d'ailleurs, je ne veux pas, dans mon palais, entre
« moi et ma femme, des prêtres étrangers. » Et il parut, dès ce moment, se prononcer en faveur de l'archiduchesse Marie-Louise. Cependant, avant de faire la démarche officielle, il réunit son conseil et lui soumit les deux projets de l'alliance russe et de l'alliance autrichienne. La majorité se prononça en faveur de cette dernière.

« La demande en mariage de l'archiduchesse Marie-Louise fut faite immédiatement...

« La cour de Russie n'était nullement préparée à une semblable alliance. Alexandre en fut attéré. *Malgré son art à dissimuler*, il lui fut impossible de maîtriser le dépit extrême qu'il en conçut. Ne pouvant attaquer l'acte en lui-même, il s'en prit à la forme. Il se montra blessé de la précipitation avec laquelle le mariage s'était conclu à Vienne. « Félicitez l'Empereur sur le choix
« qu'il a fait, dit-il au duc de Vicence; il veut des en-
« fants, toute la France lui en désire; le parti qu'on a
« pris est donc celui qu'on devait préférer; il est cepen-
« dant heureux que l'âge nous ait arrêté ici. Où en
« serions-nous si je ne fusse pas borné à parler en mon
« nom à ma mère? Quels reproches n'aurait-elle pas à
« me faire? quels reproches n'aurais-je pas à vous
« adresser? Car il est évident *que vous traitiez des deux*
« *côtés...* »

« Cet événement a été décisif dans les relations politiques des deux empereurs. Il acheva ce que le dernier traité de Vienne avait commencé. Il creusa entre eux un abîme que rien ne put combler. Toute confiance, toute harmonie entre ces deux grands princes furent détruites sans retour... »

« Si l'alliance de famille devait être un jour une calamité pour la France, on peut dire que, pour l'Autriche, elle fut une véritable crise de salut : son premier effet était de garantir son existence et celle de la dynastie impériale. Dans l'état de détresse où cette monarchie était tombée, elle pouvait, elle et son empereur, s'attendre à tous les genres d'infortunes. Le mot de Napoléon au prince de Lichtenstein, dans le camp de Znaïm [1],

---

[1] Lorsqu'après le désastre de l'Autriche à Wagram, le prince de Lichtenstein vint négocier dans le camp français l'armistice de Znaïm, Napoléon lui dit qu'il était prêt, non-

donnait la mesure des coups que sa main pouvait frapper. Maintenant, du moins, tout le monde était rassuré; l'État conservait son existence, l'empereur François, son trône; le présent et l'avenir se trouvaient garantis: c'étaient là d'immenses avantages...

« Mais le jeune ministre auquel l'empereur François venait de confier la haute direction des affaires poursuivait un but beaucoup plus élevé. Déjà, depuis longtemps, le comte de Metternich s'efforçait d'engager sa cour dans une alliance politique avec celle des Tuileries, non qu'il fût entraîné vers la France par des sympathies d'idées ou de systèmes; tout autant que personne en Autriche, il haïssait sa domination, mais il la redoutait encore plus qu'il la haïssait. Tant qu'il avait cru son pays assez fort pour vaincre par les armes, il avait approuvé son système de coalition; mais après la bataille d'Iéna, la question lui parut jugée pour un temps, et le moment venu pour sa cour de prendre place dans le système français. Ambassadeur d'Autriche à Paris, il ne cessa dès lors de conseiller l'union avec la France... Ses conseils ne furent point écoutés; Napoléon conclut l'alliance de Tilsitt, et deux ans après, l'Autriche jouait pour la quatrième fois son existence dans les champs d'Eckmühl et de Wagram. Après ces grands désastres, le rôle du comte de Metternich se dessina plus fortement encore. Il devint le chef avoué du parti pacifique et français, comme le comte de Stadion l'était du parti belliqueux et anglais... C'est à ce titre qu'il fut placé après la paix à la tête des affaires... Il avait donc la pensée arrêtée de lier son pays à la France.

seulement à laisser l'Autriche dans son intégrité actuelle, mais à lui restituer le Tyrol et le Voralberg, *si l'empereur François consentait à laisser son trône au grand-duc de Wurzbourg.* »

C'est dans ce but qu'il conseilla à l'Empereur, son maître, de donner la main de sa fille à l'empereur Napoléon, et ce mariage ne fut pour lui qu'un moyen d'arriver plus sûrement à l'objet de tous ses vœux, à l'alliance politique...

« La cour de Vienne s'associa franchement à la pensée de son ministre, et s'abandonna tout entière à l'impulsion qui l'entraînait vers nous. L'alliance politique devint le but de tous ses vœux comme de toutes ses démarches. A voir son ardeur actuelle dépourvue de toute dignité, on eût dit qu'elle voulait pénétrer de force dans notre système, et conquérir de haute lutte notre amitié et notre confiance. Cette cour donna alors un étrange spectacle. On vit son empereur, ses ministres, ses archiducs, sa noblesse elle-même, changer brusquement et sans pudeur de langage et d'attitude vis-à-vis de nous, accabler d'égards et d'empressement notre ambassadeur, rivaliser de servitude et d'adulations, exalter à l'envi la gloire et le génie du grand homme qui nous gouvernait, tous enfin concourir de leurs paroles et de leurs actions à cet éclatant mensonge d'un dévouement prétendu sincère à leur plus mortel ennemi.... L'empereur François joua son rôle dans cette haute comédie politique avec une apparence de bonhomie pleine de ruse et d'habileté. Ses effusions de père l'aidèrent merveilleusement à dissimuler ses vues politiques. Le sacrifice de sa fille une fois consommé, il parut s'identifier avec les nouvelles destinées de Marie-Louise...

« Le mariage, et tout le système politique qui s'y rattachait, rencontrèrent en Autriche une approbation générale. Il y eut sans doute des âmes trop passionnées pour se résigner et se taire, des ambitions déçues et irritées, des amours-propres que blessa l'élévation de Marie-Louise. L'impératrice, sa belle-mère, et l'archiduchesse Béatrix, en conçurent, dit-on, une vive jalousie, mais c'étaient là des adversaires peu redoutables. Ils formèrent des coteries mais point de partis, des intrigues et non une opposition sérieuse. Ils avaient contre eux la raison politique et le pays tout entier.

« Dans les calculs et les espérances de la cour de Vienne, le mariage devait conduire à l'alliance politique, et l'alliance politique à un changement complet dans le système fédératif de la France... A peine le mariage eut-il été conclu qu'elle se mit sérieusement à l'œuvre pour nous exciter et nous aigrir contre notre alliée. Afin de nous mieux fasciner, elle simula l'effroi. A entendre M. de Metternich et les archiducs, l'Europe n'avait plus qu'une seule et redoutable ennemie, c'était la Russie. La civilisation de l'Occident était menacée par la barbarie moscovite; et son indépendance, par cet empire formidable qui s'étendait depuis la Laponie jusqu'à la mer Égée. L'empereur Napoléon était seul assez puissant pour le contenir. C'était de sa fermeté et des hautes prévisions de son génie que l'Occident attendait son salut. Dans toutes ces plaintes, il y avait une insinuation évidente et une séduction bien perfide : *c'est que le moment était venu pour la France de relever la barrière de Pologne.* La cour de Vienne irritait ainsi notre ambition; elle nous déclarait sous toutes les formes et à tout propos qu'elle voulait être française, et s'associer à notre gloire, partager nos périls comme notre fortune : en cas de guerre, elle mettait à notre service sa pensée et son bras. Afin de perdre plus sûrement l'empereur Alexandre dans l'esprit de Napoléon, elle attaquait sa sincérité, *dénonçait ses relations in-*

times et secrètes avec le cabinet de Londres, et l'accusait de violer journellement le système continental. »

(M.-A. Lefebvre.)

Note *C* (page 21).

Succès des Russes contre les Turcs.— L'Autriche et la Turquie s'adressent à Napoléon.

Les Russes avaient ouvert la campagne de 1810 par de grands succès. Ils avaient franchi le Danube, s'étaient emparés des places de Silistrie et de Bazardjick, avaient envahi la Bulgarie, et s'étaient avancés jusqu'au pied des Balkans, avec l'intention de forcer ces fameux passages, et de s'emparer de Constantinople. Le grand-vizir les défendait avec soixante mille hommes; il avait pris, à Schumla, une position formidable contre laquelle vinrent se briser les efforts des Russes.... Mais peu de temps après, le général Kamensksi, qui les commandait en chef, se porta avec le gros de son armée contre le grand-vizir, descendu des Balkans, le surprit à Batin (juin 1810), et le défit complétement. L'armée ottomane perdit, dans cette fatale journée, ses bagages, ses munitions et tout son matériel. L'armée elle-même se dispersa, et les Balkans se trouvèrent, pour cette fois, sérieusement menacés et à découvert. Les places de Szistaw, de Routshouck, de Giorgiev et de Nicopoli, se rendirent aux Russes, auxquels la victoire semblait ouvrir le chemin de Constantinople.

La nouvelle de la bataille de Batin produisit en Autriche une vive impression; la cour de Vienne se décida à une démarche éclatante. — Le 6 juillet, M. de Metternich arrive chez notre ambassadeur : « L'empereur, mon « maître, lui dit-il, est très-inquiet des progrès des « Russes qui mettent en péril l'existence de la Turquie, « et commencent à cerner ses États sur les points les « plus vulnérables ; la crise est grave, imminente ; elle « exige des mesures promptes, énergiques ; le moment « est venu, pour la France et l'Autriche, de s'unir, afin « d'empêcher l'empire ottoman de devenir la proie de la « Russie..... » Puis il déclare que l'Autriche ne peut rester plus longtemps dans la position vague et douteuse où elle est depuis la paix ; elle n'a qu'un désir, qu'une volonté, c'est de s'unir sans réserve à la France. — Dans cette occasion, et pour frapper un grand coup, le ministre se lamente sur les difficultés de sa position ; s'effraye de dangers qui n'existent point ; il montre sa cour entourée d'intrigues, ayant toutes pour but de l'écarter de la France, à laquelle elle veut se donner, pour la jeter dans les bras de l'Angleterre, qu'elle hait et qu'elle repousse.... L'empereur François vient lui-même en aide à son ministre, et parle aussi à notre ambassadeur pour obtenir l'alliance si désirée.

Dans le même temps, la Turquie, aux abois, s'adressait aussi à Napoléon : « Dans la dernière guerre, dit M. A. Lefebre, elle avait été sur le point de céder à l'influence anglaise ; la majorité du divan, corrompue et subjuguée, s'était assemblée au bruit des désastres d'Essling, et avait délibéré si le moment n'était pas venu de nous déclarer la guerre. La chute de l'Autriche à Wagram déjoua à Constantinople, comme ailleurs, les plans de nos ennemis.... Le sultan Mahmoud savait qu'à Tilsitt Alexandre et Napoléon avaient ébauché un partage de son empire ; qu'à Erfurth, Napoléon avait acheté à ses dépens la coopération de la Russie contre l'Autriche ; il s'affligeait d'une politique si contraire aux traditions de la vieille monarchie française. Mais habitué, comme les Orientaux, à voir le droit dans la force, et un décret du ciel dans un fait accompli; disciple d'ailleurs de Sélim, admirateur enthousiaste de Napoléon, il avait pour cet empereur un sentiment profond de respect, mêlé d'une sorte de religieuse terreur. Ce fut lui et presque lui seul qui, dans la guerre de 1809, sut résister à l'entraînement du divan, aux menaces de la flotte anglaise, et rester en paix avec la France. Néanmoins, il craignait, et tout le divan partageait ses appréhensions, que son empire ne devînt tôt ou tard la victime et le prix de l'alliance qui unissait la France et la Russie. A cet égard, les précédents de Tilsitt autorisaient toutes les craintes : un voile mystérieux enveloppait encore les conférences d'Erfurth. A Constantinople comme à Vienne, on ignorait la limite précise des concessions que l'empereur Napoléon avait faites à son allié.....» — La Porte voulut sortir d'incertitude : «Nous ne demandons qu'un mot à l'Empereur (disent «les ministres turcs à notre chargé d'affaires à Constan-«tinople), et, s'il le prononce, il nous trouvera prêts à «tout; nous lui sacrifierons les amis que l'Angleterre «conserve ici ; nous nous exposerons de nouveau aux «menaces de ses flottes ; nous irons jusqu'à vous aban-«donner la défense des Dardanelles.» Puis, sans attendre notre réponse, impatiente seulement d'apaiser nos ressentiments, fût-ce avec du sang et des supplices, la Porte nous jeta les têtes des chefs du parti anglais... Ses instances, après le désastre du Batin, redoublèrent d'ardeur, et elles coïncidèrent si parfaitement avec celles de l'Autriche, que, sans aucun doute, les deux puissances concertèrent leurs démarches pour leur donner plus de force.

« L'empereur Napoléon se rapprocha de l'Autriche et de la Turquie, non cependant qu'il consentît à leur accorder les traités d'alliance qu'elles lui demandaient. Couronner l'alliance de famille avec la maison d'Autriche par une alliance politique, c'eût été rompre en visière avec la cour de Saint-Pétersbourg, et la pousser violemment dans les bras de l'Angleterre. Une alliance avec la Porte, qui était en guerre ouverte avec la Russie, était plus impossible encore, et n'admettait pas même d'examen. Tout l'ensemble des combinaisons de Napoléon se fût trouvé détruit par des alliances prématurées avec la Turquie et l'Autriche; mais il se plût à leur donner des témoignages non équivoques d'intérêt et d'amitié.... Il tint à la Porte un langage net et franc. Il lui avoua qu'il avait autorisé l'empereur Alexandre, par la convention d'Erfurth, à conquérir la Moldavie et la Valachie; qu'il fallait donc qu'elle redoublât d'énergie et d'efforts, ne pouvant plus compter, pour les recouvrer, que sur elle-même; puis il lui promit de la garantir contre toutes prétentions de la Russie qui sortiraient de la limite des concessions faites à Erfurth...

« La cour de Vienne et la Porte reçurent avec satisfaction ces premiers témoignages d'amitié et de protection. Ce n'était point là encore cette alliance désirée par elles avec tant d'ardeur; ils en étaient le prélude: le point essentiel, pour l'Autriche surtout, c'était qu'elle réussît à inspirer assez de confiance à l'empereur Napoléon pour qu'il se décidât à transporter son point d'appui de Saint-Pétersbourg où l'avaient placé les traités de Tilsitt, à Vienne, et qu'elle devînt son principal allié de fait, en attendant qu'elle pût l'être officiellement. »

Note *D* (page 23).

Question polonaise. — Convention du 5 janvier 1810. —
Le duc de Vicence.

«Napoléon, au moment où il avait demandé la main de la grande-duchesse Anne, avait autorisé le duc de Vicence à donner à la cour de Saint-Pétersbourg toutes les garanties qu'elle lui demanderait contre le rétablissement de la Pologne. Une grande latitude avait été laissée sur ce point à notre ambassadeur. Ses instructions portaient qu'il pourrait signer une convention, mais cependant ne s'y décider que si l'empereur Alexandre l'exigeait absolument. Ce prince mit à profit l'occasion avec une grande habileté; non-seulement il exigea une convention, mais il s'empressa d'en soumettre le projet à la signature de notre ambassadeur, espérant sans doute nous enlever cet acte par surprise, et sous l'influence tout amicale de la négociation du mariage. Le duc de Vicence eut alors le tort grave d'exécuter trop à la hâte des instructions évidemment écrites sous l'influence et dans l'attente d'une alliance de famille.... Il signa, le 5 janvier 1810, un projet de convention, dont voici les principales dispositions : Art. I*er* Le royaume de Pologne ne sera jamais rétabli. L'article II proscrivait les noms de *Pologne* et de *Polonais* dans les actes publics. L'article V interdisait, comme principe fixe et immuable, au grand-duché de Varsovie toute extension territoriale sur l'une des parties composant l'ancien royaume de Pologne. Par le dernier article, la convention devait être rendue publique.

«Cet acte allait certainement bien au delà des concessions que l'empereur Napoléon avait résolu de faire aux exigences de la politique russe»...

«Si M. le duc de Vicence faillit dans cette circonstance, ce fut en quelque sorte, dit M. A. Lefebvre, par excès de droiture. — Caulaincourt s'était placé, par la distinction éminente de sa personne, dans une position toute spéciale à la cour de Russie. Son beau et noble caractère lui avait acquis au même degré la confiance et l'amitié de Napoléon et d'Alexandre. Il était à Saint-Pétersbourg plus qu'un ambassadeur ordinaire, et, en quelque sorte, le lien des deux empereurs, l'interprète éloquent et chaleureux de l'alliance qui les avait unis à Tilsitt. Depuis quatre ans, il épuisait son habileté à consolider cette alliance à laquelle lui semblaient attachées la durée du système de son souverain et la véritable force de la France. Il s'affligeait profondément de tout ce qui était de nature à en altérer l'esprit et la lettre. Dévoué à l'Empereur son maître, mais trop sincère pour lui dissimuler ce qu'il croyait des fautes, il avait désapprouvé le dernier agrandissement du duché de Varsovie. Le coup une fois porté, il avait mis un zèle ardent et beaucoup d'art à en adoucir les effets, et il y avait réussi. Dans sa pensée, qui semblait d'abord avoir été celle de l'Empereur, tout devait céder à la nécessité de raffermir l'alliance de Tilsitt, si fortement compromise par le dernier traité de Vienne. Dans la négociation présente, il ne crut pas que ce fût payer trop cher le maintien de cette alliance au prix des garanties les plus étendues contre le rétablissement futur de la Pologne, et il s'y était cru formellement autorisé par les instructions précises de sa cour. Peut-être aussi, il faut le dire, *était-il devenu l'ami trop personnel d'Alexandre,* pour conserver dans ses relations diplomatiques l'allure indépendante et libre d'un ambassadeur. Il y avait évidemment chez lui fascination et tout l'entraînement, dans le langage comme dans l'action, qui en est la suite. D'une utilité merveilleuse à son souverain, tant que dura l'intimité de l'alliance, il ne fut plus qu'un interprète timide et inexact de sa pensée, dès que cette intimité eut cessé. »

A ces détails, donnés par l'auteur de l'*Histoire* (inédite) *politique de l'Europe, depuis la paix de Lunéville jusqu'aux traités de* 1815, qu'il soit permis à l'éditeur de la *Lettre de M. Meneval* d'en ajouter d'autres que le noble et fidèle secrétaire de l'empereur Napoléon lui a adressées lorsque sa lettre était déjà imprimée.

« La phrase *paroles sur l'air de Tilsitt* a été dite par Alexandre à Caulaincourt, qui l'a répétée dans sa dépêche. La correspondance du duc de Vicence était grave et pleine d'élévation dans le style comme dans les idées; si elle a été déparée par ce quolibet, il n'était pas de lui.... Ce n'est pas la conscience de son devoir qui a manqué à M. de Vicence, mais l'indépendance qui donne de l'autorité aux paroles. Il est regrettable de dire qu'il a été à Saint-Pétersbourg moins un interprète rigoureux et une sentinelle avancée qu'un avocat de l'empereur Alexandre. »

Note *E* (page 34).

Élection de Bernadotte comme prince royal de Suède. — La Suède continue à ne tenir aucun compte du blocus continental. — Discours menaçant de l'Empereur.

« La mort du prince d'Augustenbourg rendait nécessaire (dit M. Lefebvre) l'élection d'un nouveau prince royal, événement fort grave auquel l'état actuel de l'Europe, et la situation toute spéciale de la Suède, donnaient une grande importance. Le grand âge du roi, la débilité de sa santé et de ses facultés laissaient en quelque sorte le trône vacant. C'était donc plus qu'un prince que la Suède allait élire, c'était un chef, un roi de fait, auquel elle allait confier la direction de ses destinées.

« Trois compétiteurs s'offrirent d'abord pour solliciter ses suffrages : le duc d'Oldenbourg, oncle de l'empereur Alexandre, le frère du prince décédé, et le roi de Danemark. — Le duc d'Oldenbourg était le candidat de la Russie; il fut promptement écarté. — Le prince d'Augustenbourg avait pour lui la mémoire d'un frère dont la Suède avait pleuré la mort. — Le seul titre du roi Christian était d'être l'allié dévoué et le candidat supposé de la France. — Dans des temps ordinaires, le jeune d'Augustenbourg, que la cour protégeait ouvertement, eût été préféré ; mais ce choix avait l'inconvénient de laisser la Suède plongée dans les embarras inextricables où elle se trouvait à la mort du dernier prince, et dont elle voulait tâcher de sortir à la faveur d'une nouvelle élection. Quant au roi Christian, les intérêts commerciaux du royaume, ses préjugés, ses souvenirs, tout repoussait sa candidature. Entre la Suède et le Danemark il y avait trois siècles de rivalités et de haine.....

« Tous les intérêts de la Suède, en commerce, en marine, en navigation, le jetaient en dehors du système continental; mais se déclarer contre ce système, c'était s'attirer les vengeances de Napoléon. Déjà une première fois il l'avait livrée, dans sa colère, au bras de la Russie, qui l'avait dépouillée de la Finlande. Le mal qu'il lui avait fait une première fois, il pouvait l'aggraver encore en s'emparant de la Poméranie, et menacer jusqu'à son existence en la partageant entre la Russie et le Danemark. D'un autre côté, la Suède ne pouvait entrer dans les errements du système français sans amener la ruine générale du commerce, mettre le pays tout entier en faillite, et sans se compromettre vis-à-vis de l'Angleterre. Ainsi, elle se trouvait placée entre deux abîmes. Elle ne vit qu'un moyen de sortir d'une situation aussi violente : ce fut de chercher un prince royal dans la famille de l'empereur Napoléon, ou dans les rangs de ses maréchaux. Mais, en prenant ce parti, elle ne prétendait nullement s'abandonner à la France; elle voulait, au contraire, s'assurer un protecteur contre ses exigences, un médiateur dans ses démêlés avec elle; un chef habile et éclairé qui usât de son influence auprès de son ancien souverain pour désarmer ses rigueurs dans toutes les questions de commerce et de navigation. Elle voulait plus encore : elle espérait qu'un prince français lui ferait restituer tôt ou tard la Finlande.

« Le pays tout entier parut comprendre cette nécessité de se rattacher à la France. Roi, ministres, noblesse, commerçants, tous exprimèrent le vœu que l'empereur Napoléon daignât tourner ses regards vers la Suède, la diriger de ses lumières dans la crise présente, et désigner à ses suffrages le prince qu'elle devait élire. Mais l'Empereur refusa d'accepter le rôle que lui offrait la Suède, résolu de n'exercer aucune influence, même indirecte, sur l'élection du prince royal. La délicatesse de ses relations avec la Russie lui commandait cette réserve extrême. »

On sait comment le maréchal Bernadotte, prince de Ponte-Corvo et beau-frère du roi Joseph Napoléon, fut élu à l'unanimité, le 21 août 1810, par les États assemblés à Orebro.

« Napoléon n'avait que trop de raison de craindre l'effet de cette élection sur la cour de Russie; elle fut d'abord jugée comme une combinaison trop française, et l'œuvre de la politique personnelle de l'Empereur. En l'apprenant, Alexandre laissa échapper ces mots : « Je le vois bien, l'empereur Napoléon veut me placer entre Varsovie et Stockholm. » Mais bientôt ses craintes se dissipèrent, et le prince de Ponte-Corvo se chargea lui-même de le convaincre que ce n'était point un ennemi de la Russie qui venait d'être appelé à gouverner la Suède..... »

La Suède continua à ne tenir aucun compte du blocus continental, et à recevoir les produits anglais, qui allaient ensuite inonder les marchés de l'Allemagne et de la Russie.

« Cette conduite révolta l'Empereur; il donna l'ordre de saisir tous les navires suédois qui seraient chargés de denrées coloniales. Huit navires furent saisis à Warnemunde. Lorsque cette décision fut prise et exécutée, le prince royal n'avait pas encore pris possession de sa nouvelle dignité. La cour de Stockholm, dans un

premier mouvement d'énergie, ordonna à son ministre
à Paris, M. de Lagerbielke, de parler à l'Empereur en
personne, et de lui demander la restitution des navires.
— Voici la réponse de Napoléon : « Comment ! vous
« prétendez que je fasse relâcher des bâtiments por-
« teurs de marchandises de contrebande appartenant à
« des Anglais, et que, par une lâche condescendance
« pour la Suède, je rende inutiles les mesures que je
« prends contre le commerce anglais, et à l'exécution
« desquelles j'ai fait concourir toute l'Europe ! Quoi !
« j'aurais chassé du trône mon frère, que j'ai élevé et
« que je chéris, parce que je l'ai vu hors d'état d'opposer
« une barrière à la contrebande qui se faisait ouverte-
« ment par la Hollande, et je laisserais la Suède faire
« impunément cette contrebande si nuisible aux intérêts
« du continent ! Si la Suède avait rempli ses engage-
« ments envers moi, la paix serait faite avec l'Angle-
« terre. Douze cents bâtiments anglais, qui ont pénétré
« cette année dans la Baltique, n'y seraient pas entrés,
« parce qu'aucun asile ne leur était ouvert, mais ils
« étaient sûrs de recevoir sur les côtes de Suède un ac-
« cueil amical. Là, on leur fournissait de l'eau, des vi-
« vres, du bois ; là, ils pouvaient attendre et saisir à
« propos le moment d'introduire leurs denrées sur le
« continent, et, lorsqu'une tentative échouait d'un côté,
« de la renouveler de l'autre. La Suède m'a fait plus de
« mal cette année que les cinq coalitions que j'ai vain-
« cues..... Prétend-elle donc être seule le magasin du-
« quel toutes les marchandises anglaises et les denrées
« coloniales seront librement versées sur le continent ?
« Non, quand un nouveau Charles XII serait campé sur
« les hauteurs de Montmartre, il n'obtiendrait pas cela
« de moi. Au point où en sont les choses, la Suède doit

« se prononcer ; qu'elle se déclare pour ou contre la
« France, le système continental ne peut admettre de
« puissance neutre sur le continent. M. Alquier, ministre
« de France à Stockholm, recevra l'ordre de demander
« à votre gouvernement qu'il déclare la guerre à l'An-
« gleterre, qu'il ferme ses ports, que ses batteries soient
« armées, que les vaisseaux anglais ne puissent appro-
« cher des côtes sans qu'on tire sur eux, qu'enfin les
« bâtiments actuellement dans les ports de Suède et les
« marchandises anglaises soient saisis et confisqués. Si
« votre gouvernement se refuse à ces demandes, M. Al-
« quier partira ; vous, monsieur, vous quitterez Paris, et
« je vous ferai la guerre par le Danemark et par la Russie;
« et ne croyez pas que le choix que vous avez fait d'un
« prince français puisse rien changer à mes détermina-
« tions, ce choix est une insulte quand vous ne marchez
« pas dans mon système ; ce choix est un inconvénient
« de plus pour moi, car il peut donner de l'ombrage à
« la Russie. Vous savez que je ne l'ai pas voulu, que
« toutes vos démarches avant l'élection n'ont pu obtenir
« un mot d'assentiment de ma bouche ni de celle de
« mes ministres..... »

La Suède dut se résigner, et déclarer la guerre à l'Angleterre.

Note *F* (page 39).

Préparatifs hostiles et armements de la Russie. — Mesures militaires de Napoléon. — Lettre de Napoléon à Alexandre.

La Russie commença ses armements au mois d'août 1810, après le refus de la France de signer la convention russe (du 5 janvier) sur le grand-duché de Varsovie. «Dans les derniers mois de l'année 1810, dit M. A. Lefebvre, ils prirent un développement extraordinaire. Une activité prodigieuse se manifesta dans toutes les branches du service militaire. L'armée fut considérablement augmentée; les corps dispersés sur toutes les limites de ce vaste empire se rapprochèrent par un mouvement concentrique de ses frontières occidentales. On fortifia les grandes communications conduisant de l'Allemagne au cœur de la Russie, et des travaux immenses furent entrepris sur la Dwina.

«Quel était le but de ces armements? Préparaient-ils la guerre offensive ou la simple défense? Tout annonce qu'à cet égard Napoléon supposait à l'empereur Alexandre de simples vues défensives. Sa défection s'exprimait sous des formes si timides, ses protestations d'attachement à l'alliance et de haine contre l'Angleterre continuaient d'être si vives, que Napoléon pût croire à son désir de rester en paix, et à la possibilité de le ramener à lui.—Du reste, quelle que fût la pensée réelle du czar, il armait; c'était pour l'Empereur une loi d'armer à son tour. Cent mille fusils et un convoi d'artillerie considérable furent dirigés sur Varsovie; le gouvernement du grand-duché fut invité à faire de nouvelles levées, à créer de nouveaux bataillons, à redoubler d'ardeur dans les travaux des places. La garnison de Dantzick fut augmentée de six mille hommes, et son matériel porté à un grand développement. Enfin, nos masses d'infanterie et de cavalerie reçurent l'ordre de franchir le Rhin et de se concentrer sur le Weser.

«En apprenant tous ces faits, Alexandre parut troublé et surpris. Le 9 février 1811, il dit au duc de Vicence : «Vos mesures militaires prennent chaque jour

« un caractère plus hostile; tout s'ébranle, et dans quel
« but? *Pour moi, je n'ai pas levé un homme de plus :* les
« fortifications sur la Dwina sont purement défensives.
« L'empereur Napoléon veut-il la paix, l'alliance et le
« maintien du système? Je suis à lui aujourd'hui comme
« je n'ai pas cessé de l'être depuis quatre ans; mais il faut
« que ce soit l'Angleterre qu'il menace et non pas ses al-
« liés. S'il veut la guerre, il la fera sans motifs, et il sacri-
« fiera une alliance qu'il aurait dû apprécier davantage;
« s'il faut nous défendre contre lui, nous nous battrons à
« regret; mais nous et tous les Russes nous mourrons
« s'il le faut, jusqu'au dernier, les armes à la main, pour
« défendre notre indépendance. »

Napoléon voulut répondre lui-même à ces plaintes.
Le 28 février, il écrivit à l'empereur cette lettre que
nous transcrivons presque en entier.

Après avoir protesté de son attachement; « Je ne puis
« me dissimuler, dit-il, que Votre Majesté n'a plus d'amitié
« pour moi. Elle me fait faire des protestations et toute
« espèce de difficultés pour l'Oldenbourg, *qui a toujours
« été le centre de la contrebande avec l'Angleterre.* Le
« dernier ukase de Votre Majesté, dans le fond, mais
« surtout dans la forme, est spécialement dirigé contre
« la France. Dans d'autres temps, avant de prendre une
« telle mesure pour mon commerce, Votre Majesté me
« l'eût fait connaître. Notre alliance n'existe déjà plus
« dans l'opinion de l'Angleterre et de l'Europe. Que
« Votre Majesté me permette de le lui dire avec fran-
« chise, elle a oublié le bien qu'elle a retiré de l'alliance,
« et cependant, qu'elle voie ce qui s'est passé depuis
« Tilsitt. Par le traité de Tilsitt, elle devait restituer la
« Moldavie et la Valachie; cependant, au lieu de les res-
« tituer, Votre Majesté les a réunies à son empire: la Mol-

« davie et la Valachie font le tiers de la Turquie d'Europe.
« C'est une conquête immense qui, en appuyant le vaste
« empire de Votre Majesté, *ôte toute force à la Turquie,*
« *et, on peut même le dire, anéantit cet empire.*

« En Suède, tandis que je restituais les conquêtes que
« j'avais faites sur cette puissance, je consentais que
« votre majesté gardât la Finlande, qui est le tiers de la
« Suède, et qui est une province si importante pour
« votre majesté, qu'on peut dire que, *depuis cette réu-*
« *nion, il n'y a plus de Suède,* puisque Stockholm est
« aux avant-postes du royaume ; et cependant la Suède,
« malgré les fautes politiques de son roi, est un des
« plus anciens amis de la France.

« Pour récompense, Votre Majesté exclut mon com-
« merce depuis la Moldavie jusqu'à la Finlande, et
« m'inquiète sur ce que je fais en deçà de l'Elbe.
« Des hommes insinuants et suscités par l'Angleterre
« fatiguent les oreilles de Votre Majesté de propos ca-
« lomnieux : *Je veux,* disent-ils, *rétablir la Pologne.* J'étais
« maître de le faire à Tilsitt ; douze jours après Fried-
« land, je pouvais être à Vilna. Si j'eusse voulu rétablir
« la Pologne, j'eusse désintéressé l'Autriche à Vienne ;
« elle demandait à conserver ses anciennes provinces et
« ses communications avec la mer, en faisant porter ses
« sacrifices sur ses possessions de Pologne. Je le pou-
« vais en 1810, au moment où toutes vos troupes étaient
« engagées contre la Porte. *Je le pourrais dans ce mo-*
« *ment encore.* — Mais puisque je ne l'ai fait dans aucune
« de ces circonstances, c'est donc que le rétablissement
« de la Pologne n'était pas dans mes intentions. — Mais si
« je ne veux rien changer à l'état de la Pologne, j'ai aussi
« le droit d'exiger que personne ne se mêle de ce que je
« fais en deçà de l'Elbe. Moi, je suis toujours le même,

« mais je suis frappé de l'évidence que votre majesté est
« toute disposée à s'arranger avec l'Angleterre, *ce qui est la
« même chose que de mettre la guerre entre les deux empires.*
« Votre Majesté abandonnant l'alliance et brûlant la con-
« vention de Tilsitt, il serait évident que la guerre s'ensui-
« vrait quelques mois plus tôt, quelques mois plus tard.
« Le résultat de tout cela est de tendre les ressorts de
« nos empires, pour nous mettre en mesure. Je prie donc
« Votre Majesté de lire cette lettre dans un bon esprit,
« de n'y rien voir qui ne soit conciliant et propre à faire
« disparaître, de part et d'autre, toute espèce de mé-
« fiance, et à rétablir les deux nations, sous tous les
« points de vue, dans l'intimité d'une alliance qui, de-
« puis quatre ans, a été heureuse. »

Cette lettre, dit M. Lefebvre, était une démarche
pleine d'habileté, car, d'une part, elle tendait à rassurer
la Russie sur la question de Pologne; et de l'autre,
sans faire précisément du refus d'Alexandre de fermer
ses ports aux bâtiments neutres, un cas de rupture immédiate, elle lui laissait clairement entrevoir que, s'il
persistait dans ses refus, la guerre deviendrait tôt ou
tard inévitable.

Note *H* (page 40).

Napoléon cherche à éviter ou à ajourner la guerre. —
La Russie dévoile ses projets contre le grand duché de
Varsovie. — La guerre devient inévitable.

« Cependant Napoléon, qui veut réellement éviter la
guerre, s'il le peut, et, si elle est inévitable, l'ajourner

du moins à l'année 1812, se décide à écrire (6 avril 1811) à l'empereur Alexandre, dans le but tout à la fois de le rassurer sur ses propres armements, et de le faire s'expliquer sur les mouvements des Russes et des Prussiens.

« Après avoir protesté de ses intentions pacifiques, il ajoute : « On a tant dit à Votre Majesté que je lui en « voulais, que sa confiance en a été ébranlée. Les Russes « quittent une frontière où ils sont nécessaires, pour se « rendre sur un point où Votre Majesté n'a que des amis. « Cependant j'ai dû penser aussi à mes propres affaires « et me mettre en mesure. Le contre-coup de mes pré- « paratifs portera Votre Majesté à accroître les siens ; « ce qu'elle fera, retentissant ici, fera faire de nouvelles « levées, et tout cela pour des fantômes. Ceci est la ré- « pétition de ce que j'ai vu en Prusse en 1806, et à « Vienne en 1809. Pour moi, je resterai l'ami de la « personne de Votre Majesté, même quand cette fatalité, « qui entraîne l'Europe, devrait un jour mettre les armes « à la main à nos deux nations. Je me réglerai sur ce « que fera Votre Majesté ; je n'attaquerai jamais ; mes « troupes ne s'avanceront que lorsque Votre Majesté « aura déchiré le traité de Tilsitt. Je serai le premier à « désarmer, si Votre Majesté veut revenir à la même « confiance. A-t-elle jamais eu à se repentir de la con- « fiance qu'elle m'a témoignée ? »

« Le désir de l'Empereur d'éviter cette année une rupture s'exprime non moins vivement dans ses entretiens avec le prince Kourakin.

« Que votre empereur précise ses vœux, lui dit-il ; « si ce qu'il désire est faisable, nous le ferons.... Vous « nous parlez de vos sentiments pacifiques, et les faits « démentent vos paroles ; au lieu de venir à nous un

« bâton blanc à la main, c'est le casque en tête que vous
« vous présentez. »

« A toutes ces plaintes, Alexandre répond que ses
sentiments pacifiques n'ont jamais changé ; ses armements n'ont qu'un caractère défensif; ils n'ont été que
le contre-coup nécessaire de ceux de la France. « On
« me reproche, dit-il au duc de Vicence, de ne point
« m'expliquer ; je l'ai fait depuis longtemps. C'est l'em-
« pereur Napoléon qui ne répond à rien de ce que je lui
« ai demandé. Je veux l'alliance, et comme empereur
« de Russie et comme homme. On m'accuse de vouloir
« la guerre, mais la guerre n'est-elle pas pour moi pleine
« de chances périlleuses, avec un rival tel que l'empe-
« reur Napoléon, et surtout dans l'état d'isolement de
« tous mes alliés naturels où je me trouve, par suite de
« ma fidélité à l'alliance? Je demande qu'on réprime les
« passions soulevées du grand-duché de Varsovie, et
« que cet État désarme; qu'on rétablisse le duc d'Olden-
« bourg dans sa principauté : l'inconvénient d'être en-
« clavé dans l'empire français étant mille fois moindre
« que celui de perdre son État. Erfurth n'est point une
« indemnité suffisante; qu'on m'en propose une conve-
« nable, et je l'accepterai. »

« Les deux empereurs semblaient s'attacher, dans
leurs lettres et leurs discours, à ne dire ni l'un ni l'autre
le fond de leurs pensées, s'échauffant sur des intérêts
secondaires qui n'étaient que des prétextes, et se taisant
sur des griefs véritables, sachant bien qu'aborder de
si brûlantes questions, c'était trancher la question de
la guerre. Le moment était prochain où de part et
d'autre on allait enfin se dire la vérité tout entière.

« Aux dernières mesures militaires de la Russie, la
France avait répondu par des armements extraordi-

naires. Elle avait augmenté considérablement le matériel et l'effectif des garnisons de Dantzick et de Stettin, dirigé sur Varsovie de nombreux convois d'artillerie et de munitions, porté à cent mille hommes l'armée du prince d'Eckmuhl, invité tous les princes de la confédération à rassembler leur contingent et à se tenir prêts à marcher au premier signal. — Le grand-duché, plus exposé que tout autre, fut aussi le point sur lequel Napoléon dirigea ses principales combinaisons. Toute sa population virile et jeune prit les armes; des camps furent établis à Sieroost et à Modlin; nuit et jour, des milliers de bras travaillaient à fabriquer des armes. Le grand-duché se trouvait transformé en un vaste camp. Les passions, à Varsovie, ne pouvaient plus se contenir; elles appelaient la guerre comme la crise dernière qui devait compléter la régénération politique et nationale de la Pologne.

«La Russie, à son tour, prenait une attitude formidable. Les travaux sur la Dwina étaient terminés; trois cent mille hommes, avec huit cents pièces de canon, occupaient, à la fin d'avril 1811, les gouvernements de Minsk, de Courlande, de Witepsk et de Volhynie. Le système d'armement de cet empire était achevé. L'empereur Alexandre était prêt à tout événement, en mesure de commencer la guerre, si des circonstances favorables l'y excitaient; ou de la repousser, si elle venait le chercher.

«C'est alors que le cabinet de Saint-Pétersbourg déchira le premier voile dont jusqu'ici il avait enveloppé sa pensée. Le 8 mai 1811, le chancelier comte de Romanzoff fit entendre au duc de Vicence ces graves et décisives paroles :

«Tout ne se réduit point, monsieur le duc, à l'af-

« faire d'Oldenbourg, ni à celle de l'ukase du 19 dé-
« cembre 1810 ; il en est une autre bien plus importante
« à résoudre, c'est celle du grand-duché de Varsovie ;
« *ce grand-duché ne peut rester constitué tel qu'il est.* »
Bientôt notre ambassadeur pénètre la pensée tout entière du cabinet russe, pensée à laquelle s'associe, mais à un moindre degré d'énergie, l'empereur Alexandre. Cette pensée est celle-ci : « La Russie ne peut rester désarmée en présence du duché de Varsovie constitué tel qu'il est ; elle préfère la guerre, malgré ses chances périlleuses, à un tel état de choses ; *elle demande que le grand-duché perde son nom, que sa constitution soit dénaturée, qu'il soit réuni comme une simple province au royaume de Saxe.* Il est une combinaison qu'elle préférerait à tout. La France doit une indemnité au duc d'Oldenbourg; *qu'elle consente à lui donner une partie du duché de Varsovie* ou simplement la ville et le territoire de Dantzick, et la Russie satisfaite s'empressera de désarmer.

« Ainsi, la politique de cette puissance s'est enhardie; elle aussi est entrée dans une phase nouvelle. De passive qu'elle était jusqu'alors, elle est devenue active, exigeante. Naguère encore, elle ne demandait d'autres garanties contre le rétablissement de la Pologne qu'une simple convention ; aujourd'hui elle veut davantage. Appuyée sur une armée de trois cent mille hommes, elle exige que Napoléon renverse ce qu'il a fondé à Tilsitt en 1807, et ce qu'il a continué à Vienne en 1809. »

(M. A. Lefebvre.)

Note *I* (page 42).

Talleyrand complétait l'Empereur. — Coopération de Talleyrand aux premiers actes du Consulat. — Affaire du duc d'Enghien.

« Le grand esprit de Napoléon et le bon sens de M. de Talleyrand semblaient faits l'un pour l'autre. Ce qu'il y avait d'inventif, de fécond, de hardi, d'impétueux dans le premier, avait besoin de ce qu'il y avait de net, de froid, d'avisé, de sûr dans le second. L'un avait le génie de l'action, l'autre celui du conseil. L'un projetait tout ce qu'il y avait de grand, l'autre évitait tout ce qu'il y avait de dangereux, et la fougue créatrice de l'un pouvait être heureusement tempérée par la lenteur de l'autre [1]. M. de Talleyrand savait faire perdre du

[1] C'est une erreur qui a besoin d'être rectifiée. On croit que le caractère bouillant de l'Empereur l'entraînait à des mesures inconsidérées, et qu'il avait besoin d'un modérateur ; que ce modérateur était M. de Talleyrand. Mais de ce que Napoléon était impétueux dans l'exécution, il ne faut pas conclure que ses conceptions manquaient de maturité : il n'exécutait avec rapidité que ce qu'il avait conçu avec lenteur. Son caractère, par un rare contraste, était en même temps ardent et froid. M. Molé a fait la remarque très-vraie que, chez Napoléon, le bon sens le disputait au génie ; il faudrait ajouter, et la circonspection à l'impétuosité. M. de Talleyrand a dit de ce prince que c'était *l'homme qui employait le mieux son temps, et qui en faisait perdre le plus aux autres.* C'est que Napoléon discutait longuement une mesure avant de l'adopter. Jamais une idée de quelque importance n'est sortie de son cerveau, sans avoir été longuement élaborée. Il la jetait sur le papier, la laissait reposer des semaines, des mois, et plus longtemps ; et quand une fois sa résolution était prise, il l'exécutait avec la rapidité de la foudre (*Note de M. Meneval*).

temps à l'Empereur, lorsque sa colère ou sa passion l'aurait poussé à des mesures précipitées, et lui donnait le moyen de se montrer plus habile en devenant plus calme. Aussi disait-il avec une exagération spirituelle dans la forme, mais non sans vérité : « L'Empe-
« reur a été compromis le jour où il a pu faire, un
« quart-d'heure plus tôt, ce que j'obtenais qu'il fît un
« quart-d'heure plus tard. » La perte d'un pareil conseiller dut être un malheur pour lui, en attendant qu'elle devînt un danger....

« Après le retour d'Égypte, M. de Talleyrand, qui depuis six mois avait cessé d'être ministre du directoire, s'entendit avec le général Bonaparte et Sieyes pour opérer le 18 brumaire. Ayant participé à l'entreprise qui venait de fonder un gouvernement, il s'associa au système qui restaura l'ordre social. Nommé de nouveau ministre des relations extérieures, il eut une assez grande influence sur la politique du premier consul, par la vivacité de son administration, la prudence de ses avis et la conformité de leurs pensées. Il savait à la fois le flatter et le conseiller. Il le quittait rarement, et lorsqu'il fut obligé, dans l'été de 1801, d'aller aux eaux de Bourbon-l'Archambaud, il lui écrivit: « Je pars
« avec le regret de m'éloigner de vous, car mon dé-
« vouement aux grandes vues qui vous animent n'est
« pas inutile à leur accomplissement. Du reste, ajouta-
« t-il, quand ce que vous pensez, ce que vous méditez
« et ce que je vous vois faire, ne serait qu'un spectacle,
« je sens que l'absence que je vais faire sera pour moi
« la plus sensible des privations. »

« Associé aux divers projets du premier consul, il l'aida à accomplir la pacification religieuse par la négociation du concordat. Ce fut alors que par un bref particulier, M. de Talleyrand reçut du pape l'autorisation, qu'il s'était donnée tout seul dix années auparavant, de rentrer dans la vie civile. La pacification intérieure fut suivie d'une pacification générale, que facilitèrent les victoires de Marengo et d'Hohenlinden. *M. de Talleyrand en fut le négociateur.* Le traité de Lunéville [1], qui étendit en Allemagne l'esprit de la révolution, en sécularisant les principautés ecclésiastiques; le traité d'Amiens, qui fit reconnaître par l'Angleterre les conquêtes de la France et les œuvres de la révolution sur le continent; la consulte de Lyon, qui constitua la république cisalpine, furent les grandes transactions politiques auxquelles M. de Talleyrand eut, à cette époque, la principale part.

« Mais la guerre ayant recommencé un peu plus tard avec l'Angleterre, les complots de l'émigration suivirent de près le retour des hostilités. Le premier consul qui, en 1802, avait miraculeusement échappé à l'explosion de la machine infernale, se voyant en butte à de semblables périls, *voulut faire trembler ceux qui voulaient le faire tuer.* Excité par l'indignation, et entraîné par les apparences, il porta sa terrible main sur le plus jeune et le plus chevaleresque des princes de la maison de Bourbon, qui, placé à une marche sur la frontière du Rhin, attendait, *par ordre du conseil privé d'Angleterre,* ce qui allait éclater en France, sans y tremper, et même, à ce qu'il paraît, sans le savoir. Le duc d'Enghien, amené le soir au château de Vincennes, y fut jugé dans la nuit, et y reçut la mort comme complice

---

[1] Joseph Bonaparte, frère du premier consul, était à Lunéville comme à Amiens, le ministre plénipotentiaire de la république, et quoi que dise M. Mignet, *fut le négociateur* des traités de paix avec l'Allemagne et l'Angleterre.

de ceux qui avaient projeté celle du premier consul. — M. de Talleyrand fut-il mis dans le secret de ces meurtrières représailles, ou concourut-il seulement à l'arrestation du duc d'Enghien, sans connaître le sort qui lui était réservé ? *Rien n'indique qu'il ait été consulté sur cet acte sanglant,* qui d'ailleurs était contraire à sa douceur et à sa modération naturelles. Mais, il faut le dire, M. de Talleyrand a coopéré, en exécution des ordres du premier consul, à l'enlèvement du duc d'Enghien, sur un territoire étranger ; et, ministre des relations extérieures, il a consenti à la violation d'un principe sacré du droit des gens. » (M. MIGNET, *Notice sur le prince de Talleyrand*).

NOTE J (page-57).

Projets de Talleyrand pour une alliance avec l'Autriche, et pour la pacification de l'Europe.

«La fondation de l'empire entraînait au dehors un changement de système à l'égard des républiques confédérées, qui devait conduire à la guerre. La première république érigée en royaume fut la cisalpine. L'Autriche, qui n'attendait qu'un prétexte, la Russie, qui ne demandait qu'une avant-garde, se déclarèrent sur-le-champ ; et, sans la rapidité des coups que leur porta l'Empereur, la Prusse, qui hésitait, se serait jointe à elles. Lorsque Napoléon partit pour cette immortelle campagne, *M. de Talleyrand se rapprocha des bivouacs, afin que l'homme de la paix fût toujours près de l'homme de la victoire.* Il était à Strasbourg quand il apprit que, par une savante marche, l'Empereur venait de faire mettre bas les armes dans Ulm à toute une armée autrichienne.

« C'est alors que, regardant le succès comme infaillible, *il adressa à l'Empereur un plan de traité avec l'Autriche, et lui proposa un vaste arrangement de l'Europe.* Ce plan, entièrement écrit de sa main, et jusqu'à ce jour inconnu, mérite de fixer l'attention de l'histoire.

« Exposant ses vues à l'Empereur, M. de Talleyrand
«lui rappelait qu'il y avait en Europe quatre grandes
«puissances : la France, l'Autriche, l'Angleterre, la
«Russie.—La Prusse n'ayant été placée un instant sur la
«même ligne que par le génie de Frédéric II ; que la
«France était la *seule puissance parfaite* (ce sont ses ex-
«pressions), parce que seule elle réunissait dans une
«juste proportion les deux éléments de grandeur qui
«étaient inégalement répartis entre les autres, les ri-
«chesses et les hommes ; que l'Autriche et l'Angleterre
«étaient alors les ennemies naturelles de la France, et
«la Russie son ennemie indirecte, par la sollicitation
«des deux autres, et par ses projets sur l'empire otto-
«man ; que l'Autriche, tant qu'elle ne serait pas en ri-
«valité avec la Russie, et la Russie, tant qu'elle reste-
«rait en contact avec la Porte, seraient facilement unies
«par l'Angleterre dans une alliance commune ; que du
«maintien d'un tel système de rapports entre les grands
«États de l'Europe, naîtraient des causes permanentes
«de guerre ; que les paix ne seraient que des trêves,
«et que l'effusion du sang humain ne serait jamais
«que suspendue.»

« Il se demandait dès lors quel était le nouveau sys-
«tème de rapports qui, supprimant tout principe de

« mésintelligence entre la France et l'Autriche, sépare-
« rait les intérêts de l'Autriche de ceux de l'Angleterre,
« les mettrait en opposition avec ceux de la Russie, et
« par cette opposition garantirait l'empire ottoman, et
« fonderait un nouvel équilibre européen. »

Telle était la position du problème ; voici quelle en était la solution.

« Il proposait d'éloigner l'Autriche de l'Italie, en ôtant
« l'État vénitien ; de la Suisse, en lui ôtant le Tyrol ; de
« l'Allemagne méridionale, en lui ôtant ses possessions
« de Souabe. De cette manière, elle cessait d'être en con-
« tact avec les États fondés ou protégés par la France,
« et elle ne restait plus en hostilité naturelle avec elle.
« — Pour surcroît de précaution, l'État vénitien ne de-
« vait pas être incorporé au royaume d'Italie, mais être
« interposé, comme État républicain et indépendant,
« entre ce royaume et l'Autriche. — Après avoir dépouillé
« celle-ci sur un point, il l'agrandissait sur un autre, et
« lui donnait des compensations territoriales proportion-
« nées à ses pertes, afin que, n'éprouvant aucun regret,
« elle ne fît aucune tentative pour recouvrer ce qui lui
« aurait été enlevé. Où étaient placées ces compensa-
« tions ? Dans la vallée même du Danube, qui est le
« grand fleuve autrichien. Elles consistaient dans la
« Valachie, la Moldavie, la Bessarabie, et la partie la
« plus septentrionale de la Bulgarie.

« Par là, disait-il en concluant, les Allemands seraient
« pour toujours exclus de l'Italie, et les guerres que
« leurs prétentions sur ce beau pays avaient entretenues
« pendant tant de siècles se trouveraient à jamais étein-
« tes. — L'Autriche, possédant tout le cours du Danube
« et une partie des côtes de la mer Noire, serait voisine
« de la Russie, et dès lors sa rivale, serait éloignée de la

« France, et dès lors son alliée ; l'empire ottoman achè
« terait, par le sacrifice utile de provinces que les
« Russes avaient déjà envahies, sa sûreté et un long
« avenir ; l'Angleterre ne trouverait plus d'alliés sur le
« continent, ou n'en trouverait que d'inutiles ; les Russes,
« comprimés dans leurs déserts, porteraient leur in-
« quiétude et leurs efforts vers le midi de l'Asie, et le
« cours des événements les mettrait en présence des An-
« glais, transformant en futurs adversaires ces confé-
« dérés d'aujourd'hui. »

Ce beau projet, M. de Talleyrand ne se contenta pas de le soumettre à l'Empereur, après le succès d'Ulm. Le jour même où il reçut à Vienne la grande nouvelle de la victoire d'Austerlitz, il écrivit à l'Empereur :
« Votre Majesté peut, maintenant, briser la monar-
« chie autrichienne ou la relever. L'existence de cette
« monarchie, dans sa masse, est indispensable au salut
« futur des nations civilisées..... Je supplie Votre Majesté
« de relire le projet que j'eus l'honneur de lui adresser
« à Strasbourg. J'ose, aujourd'hui plus que jamais, le
« regarder comme le meilleur et le plus salutaire. Vos
« victoires le rendent facile, et je serai heureux si vous
« m'autorisez à faire un arrangement qui, j'en ai la con-
« viction, assurerait la paix du continent pour plus d'un
« siècle. »

« Ce plan... aurait fondé une paix durable, par des combinaisons nouvelles et sur des intérêts satisfaits ; mais il ne fut point agréé par l'Empereur. » (M. MIGNET.)

Note *K* (page 63).

Retraite de Talleyrand prétendue volontaire.

« Le désaccord des vues sur ce point (le plan cité dans la note J entre Napoléon et M. de Talleyrand n'empêcha pas celui-ci de rester son ministre jusqu'après le traité de Tilsitt, qui, conclu à la suite des victoires d'Iéna, d'Eylau, de Friedland, amoindrit la Prusse, soumit la Russie, étendit la confédération du Rhin, du midi au nord de l'Allemagne, et porta à son comble la grandeur de l'empire et la gloire de l'Empereur. Mais à cette éblouissante époque, et au moment de ses prospérités les plus inouïes, M. de Talleyrand *cessa volontairement de diriger la diplomatie de Napoléon.* Était-il fatigué d'un rôle où sa modération était quelquefois condamnée à des sacrifices, et pensait-il que le déclin devait commencer au point où avait été atteinte la plus extrême hauteur? Ou bien préférait-il le titre de vice-grand électeur qui lui fut donné, à la conduite des plus importantes affaires? — Peut-être y avait-il à la fois le vague instinct de l'avenir et le vain empressement pour une dignité qui n'était qu'une apparence, dans la résolution qu'il prit le 9 août 1807, en *déposant le portefeuille des relations extérieures* entre les mains du duc de Cadore, pour devenir grand dignitaire de l'empire, étant déjà grand chambellan et prince de Bénévent. »

(M. Mignet.)

M. de Talleyrand quitta le portefeuille des affaires étrangères en 1807, parce qu'il fut revêtu de la dignité de vice-grand électeur, la position de grand dignitaire de l'empire étant incompatible, dans les idées de Napoléon, avec les fonctions de ministre. L'Empereur le remplaça avec regret, parce qu'il n'aimait pas à changer souvent ses instruments directs et à disséminer sa confiance. Après la retraite de M. de Talleyrand, des informations défavorables arrivèrent sur son compte ; l'Empereur ne le regretta plus, et bien qu'il ne parût pas lui retirer immédiatement sa faveur, il renonça à l'employer. Ce fut surtout à la suite des conférences d'Erfurth que l'Empereur lui ôta tout à fait sa confiance.

Lors de la guerre de Russie, en 1812, M. de Talleyrand, prévoyant justement de quelle importance il était pour l'Empereur d'assurer les deux ailes de son armée, lui proposa de se charger des négociations avec la Suède et la Turquie. Napoléon refusa son intervention. On doit le regretter, car les liaisons que M. de Talleyrand avait conservées en dehors du gouvernement lui auraient peut-être donné les moyens de réussir.

(Note de M. Meneval.)

FIN.

Paris. — Imprimerie de Rignoux, rue des Francs-Bourgeois-Saint-Michel, 8.

www.ingramcontent.com/pod-product-compliance
Lightning Source LLC
Chambersburg PA
CBHW070527100426
42743CB00010B/1976